数字经济对出口企业高质量发展的影响研究

包晓钟 著

企业管理出版社
ENTERPRISE MANAGEMENT PUBLISHING HOUSE

图书在版编目（CIP）数据

数字经济对出口企业高质量发展的影响研究 / 包晓钟著. -- 北京：企业管理出版社, 2024.8. -- ISBN 978-7-5164-3117-7

Ⅰ. F279.24

中国国家版本馆 CIP 数据核字第 2024U7P078 号

书　　　名：	数字经济对出口企业高质量发展的影响研究
书　　　号：	ISBN 978-7-5164-3117-7
作　　　者：	包晓钟
策　　　划：	寇俊玲
责任编辑：	寇俊玲
出版发行：	企业管理出版社
经　　　销：	新华书店
地　　　址：	北京市海淀区紫竹院南路 17 号　　邮　编：100048
网　　　址：	http://www.emph.cn　　电子信箱：1142937578@qq.com
电　　　话：	编辑部（010）68701408　　发行部（010）68701816
印　　　刷：	北京亿友数字印刷有限公司
版　　　次：	2024 年 10 月第 1 版
印　　　次：	2024 年 10 月第 1 次印刷
开　　　本：	710 毫米 ×1000 毫米　　1/16
印　　　张：	11
字　　　数：	172 千字
定　　　价：	68.00 元

版权所有　翻印必究　·　印装有误　负责调换

前　言

　　新一轮科技革命引领经济高质量发展，数字经济成为各国竞相竞争的战略高地。"十三五"期间，我国数字经济高速发展，其规模已仅次于美国，位居世界第二。中国信息通信研究院发布的《中国数字经济发展白皮书（2022）》显示，自2012年以来，我国数字经济年均增速接近16%，远超过同期GDP增速。2021年我国数字经济规模达到45.5万亿元，占GDP的比重将近40%。《中华人民共和国国民经济和社会发展第十四个五年规划和2035年远景目标纲要》将"打造数字经济新优势"作为单独一个篇章，强调加强关键数字技术应用、加快数字产业化和产业数字化转型。数字经济不仅是推进经济高质量的动力源泉，而且是推动贸易高质量发展的关键力量。

　　本书聚焦于数字经济推动我国出口贸易高质量发展问题，在现有研究的基础上，分别使用互联网、电子商务、数字化投入三个维度刻画数字经济的发展程度；使用出口产品范围、出口产品质量、经济绿色化转型三个维度刻画出口企业高质量发展。从数据层面探究了数字经济影响出口企业高质量发展的现实逻辑；从理论层面剖析了数字经济影响出口企业高质量发展的理论基础；从经验层面验证了数字经济对出口企业高质量发展的促进作用。具体而言，一是从数字经济的相关研究、贸易高质量发展的相关研究和数字经济影响贸易高质量的相关研究三个方面系统梳理现有文献；二是利用数据深入剖析数字经济影响出口企业高质量发展的现实逻辑；三是基于数字经济影响出口企业高质量发展的理论基础，搭建数字经济影响出口企业高质量发展的理论框架；四是基于多维度数字经济刻画指标和出口企业高质量发展度量指标，综合运用固定效应模型、工具变量方法分析数字经济对出口企业高质量发展的因果效果和作用机制；五是结合前述研究结果，提出针对性提升对策。

在本书的编写过程中，得到了各位老师的悉心指导和无私帮助。在此，我要衷心感谢北京信息科技大学葛新权教授，中国社会科学院经济研究所剧锦文研究员，河北省科学院刘春成研究员，中国社会科学院研究生院刘克龙主任。感谢他们在学术研究和个人成长方面给予我的支持和鼓励，使我能够顺利完成这项工作。

此外，我也深知本书的许多内容得益于众多前辈学者的研究成果和学术专著。他们的智慧和勤奋为本书奠定了坚实的理论基础。特别要感谢安徽省财经大学余华银教授和张焕明教授的开创性工作，这些都是本书不可或缺的参考资料。

由于本人理论水平有限，书中难免有疏漏和不足之处。在此，恳请各位学者和读者不吝赐教，提出宝贵的意见和建议，以便我在今后的研究和写作中不断改进和提高。

包晓钟
2024 年 4 月

目录

第一章　绪论 ·· 001
　第一节　选题背景及研究意义 ··· 004
　第二节　研究内容与技术路线 ··· 011
　第三节　研究思路与研究方法 ··· 014
　第四节　创新之处 ··· 018
　第五节　本章小结 ··· 020

第二章　文献综述 ··· 021
　第一节　数字经济发展的研究 ··· 021
　第二节　出口企业高质量发展的研究 ··· 027
　第三节　数字经济影响出口企业高质量发展的研究 ························· 036
　第四节　文献述评 ··· 038

第三章　数字经济影响出口企业高质量发展的现实逻辑 ···················· 040
　第一节　数字经济发展典型事实 ·· 041
　第二节　对外贸易发展典型事实 ·· 051
　第三节　本章小结 ··· 061

第四章　数字经济影响出口企业高质量发展的理论分析 ···················· 062
　第一节　数字经济与贸易理论的内在逻辑 ····································· 062
　第二节　数字经济影响出口企业高质量发展的理论逻辑 ··················· 067
　第三节　本章小结 ··· 077

第五章　数字经济对出口企业产品范围的影响分析 …… 078
- 第一节　引言 …… 078
- 第二节　研究假设 …… 080
- 第三节　数据来源与变量说明 …… 082
- 第四节　实证检验 …… 085
- 第五节　本章小结 …… 106

第六章　数字经济对出口企业产品质量的影响分析 …… 108
- 第一节　引言 …… 108
- 第二节　研究设计与变量说明 …… 110
- 第三节　实证分析 …… 112
- 第四节　本章小结 …… 124

第七章　数字经济对出口企业绿色化转型的影响分析 …… 125
- 第一节　引言 …… 125
- 第二节　理论分析与研究假设 …… 128
- 第三节　典型事实分析 …… 131
- 第四节　模型构建 …… 133
- 第五节　实证结果与分析 …… 136
- 第六节　机制检验 …… 144
- 第七节　本章小结 …… 146

第八章　结论与展望 …… 148
- 第一节　研究结论 …… 148
- 第二节　政策启示 …… 149
- 第三节　未来研究展望 …… 154

参考文献 …… 160

第一章
绪 论

当前,伴随着全球数字化与信息化程度不断加深,数字经济在促进经济复苏与增长的过程中发挥着重要作用,已然成为全球经济增长的新引擎、新动力。数字经济的发展使信息获取与传递更为便利,技术的溢出效应降低了学习成本与新技术的传播成本,传统经济的交易成本大幅降低,重塑了全球生产分工体系,促进了全球价值链的重构。数字经济是数字时代国家综合实力的重要体现,是构建现代化经济体系的重要引擎。世界各主要国家均高度重视发展数字经济,纷纷出台战略规划,采取各种举措打造竞争新优势,重塑数字时代的国际新格局。比如美国先后发布《联邦云计算战略》《大数据研究和发展计划》《支持数据驱动型创新技术与政策》《国家制造创新网络计划战略规划》等;英国发布《英国数字经济战略》;德国推出《数字化战略2025》等。我国也在战略层面高度重视数字经济的发展。习近平在主持中央政治局第三十四次集体学习时指出,要把握数字经济发展趋势和规律,推动我国数字经济健康发展,充分发挥海量数据和丰富应用场景优势,促进数字技术与实体经济深度融合,赋能传统产业转型升级,催生新产业、新业态、新模式,不断做强做优做大我国数字经济。2021年3月,我国发布的《中华人民共和国国民经济和社会发展第十四个五年规划和2035年远景目标纲要》中将"打造数字经济新优势"作为单独一个篇章,强调加强关键数字技术应用、加快数字产业化和产业数字化转型,加快建设数字经济、促进数字技术与实体经济深度融合,赋能传统产业转型升级。2021年12月,国务院发布的

《"十四五"数字经济发展规划》(以下简称《规划》)中指出数字经济发展速度之快、辐射范围之广、影响程度之深前所未有,正推动生产方式、生活方式和治理方式深刻变革,成为重组全球要素资源、重塑全球经济结构、改变全球竞争格局的关键力量。根据中国信息通信研究院发布的《中国数字经济发展白皮书(2022)》,自2012年以来,我国数字经济年均增速接近16%,远超过同期GDP增速。2021年我国数字经济规模达到45.5万亿元,占GDP的比重将近40%。同时,改革开放以来特别是加入WTO以来,我国对外贸易经历了长足发展。2022年我国货物进出口总额达到42.07万亿元,比2021年增长7.7%,连续多年稳居世界第一。随着我国对外贸易规模的不断壮大,外贸质量问题也引起学术界和政府的日益重视。因此,从数字经济视角研究我国出口贸易质量问题具有很大的现实价值。

本章内容主要包括选题背景与研究意义、研究内容、技术路线、研究思路与研究方法以及创新之处,为研究打下基础。本书以"数字经济对出口企业高质量发展的影响研究"为题,首先,由于当前数字经济已经成为全球经济发展的重要引擎,世界主要国家均高度重视发展数字经济,纷纷出台战略规划,采取各种举措打造竞争新优势;其次,经济的高质量发展是实现中国式现代化的重要抓手,也是全面建设社会主义现代化国家的首要任务;再次,在世界贸易环境的不稳定状态下,尽早走出困境,这是当下我国经济学界面临的主要课题,外贸高质量发展成了国家战略需求和未来发展方向;最后,数字经济蓬勃发展为贸易高质量发展提供了难得契机,随着我国对外贸易的规模不断壮大,外贸质量问题已经引起学术界和政府的日益重视,鉴于此,有关我国出口贸易质量问题的相关研究就显得十分重要。

本书的研究聚焦于数字经济推动我国出口贸易高质量发展问题,在现有研究的基础之上,分别使用互联网、电子商务、数字化投入三个维度刻画数字经济发展程度;使用出口产品范围、出口产品质量、经济绿色化转型三个维度刻画出口企业高质量发展。从数据层面探究了数字经济影响出口企业高质量发展的现实逻辑;从理论层面剖析了数字经济影响出口企业高质量发展的理论基础;从经验层面验证了数字经济对出口企业高质量发展的促进作用。具体而言,一是从数字经济相关的研究、贸易高质量发展相关的研究和数字经济影响贸易高质量相关的研究三个方面系统梳理现有文献;二是利用数据深入剖析数字经济影响出口企业高质量发展的现实逻辑；三是基于数字经济影响出口企业高质量发展的理论基础，搭建数字经济影响出口企业高质量发展的理论框架；四是基于多维度数字经济刻画指标和出口企业高质量发展度量指标，综合运用固定效应模型、工具变量方法分析数字经济对出口企业高质量发展的因果效果和作用机制。

研究发现：①互联网的发展显著提高企业出口产品范围，这一结果对各种模型设定方式、数据处理方式以及工具变量检验保持稳健。异质性分析发现，互联网对民营企业和外资企业、东部地区企业、大规模企业的影响更显著或更大。从作用机制来看，一方面，互联网的发展有利于促进企业通过线上方式发展业务，促进市场规模扩大，进而扩大出口产品范围；另一方面，互联网的应用有利于提升企业绩效和利润，收入的提高有利于企业研发新产品，进而扩大产品范围。②电子商务的发展有利于提高出口产品质量，这一结果对各种聚类方法、固定效应设定、不同的质量弹性设定以及工具变量方法保持稳健。异质性分析发现，电子商务主要影响民营企业和外资企业、东部地区企业、低质量产品提高出口产品质量。在作用机制上，电子商务主要通过提高进口中间品种类和质量提高企业出口产品质量。③数字化投入对碳排放具有显著的抑制作用，数字化投入呈现"绿色效应"，是经济绿色化转型的重要力量，而提高生产率、对能源要素替代是数字化投入抑制碳排放的作用机制，对经济绿色化转型具有重要作用；通过数字化投入，资本密集型行业、劳动密集型行业和高耗能行业碳排放强度明显小于技术密集型行业和中低耗能行业；不断扩大数字化投入会增加碳排放减排效果。

本书的研究结论具有以下几方面的政策启示。

第一，政府应加快完善数字基础设施，提升数字经济推动出口企业高质量发展的驱动力；比如加快高速互联网、5G等数字基础设施的推广应用，使之与实体经济深度融合，与传统外贸行业深度融合，改造传统经济行业和外贸行业，促进经济和贸易高质量发展。

第二，政府应进一步鼓励和支持数字平台发展，助力更多中小企业走向世界；比如建设全球电子数字贸易平台，赋能外贸行业发展，助力贸易高质量发展。

第三，支持和引导出口企业加大数字化投入，推动企业数字化转型。

第四，加快发展数字服务贸易，改善我国贸易结构。

第五，加强数字化人才的培养，支撑出口企业高质量发展。

本书的研究不仅丰富了现有关于数字经济和出口企业高质量发展的研究，同时也有提高出口竞争力和建设贸易强国、促进经济高质量发展以及推动实现中华民族伟大复兴的现实意义。

第一节　选题背景及研究意义

一、选题背景

（一）数字经济成为全球经济增长的重要引擎

数字经济是数字时代国家综合实力的重要体现，是构建现代化经济体系的重要引擎。当前，全球数字化与信息化程度不断加深，数字经济在促进经济复苏与增长的过程中发挥重要作用。具体表现为：数字经济的发展使信息获取与传递更为便利，技术的溢出效应降低了学习成本与新技术的传播成本，传统经济的交易成本大幅降低，世界经济的生产能力大幅提升。数字经济的出现超越了单个国家的界限，对全球生产分工体系产生了重要的影响，重塑了世界制造业，促进了全球价值链的重构。以数字平台为基础的数字经济为疫情中的生活带来了极大的便利，加速了人们将交易由线下转移至线上、从实体世界转移到数字世界的进程。

数字经济的确已经成为全球经济增长的重要引擎，并且这种趋势在未来仍将继续。数字技术的快速发展，特别是在人工智能、大数据、云计算和区块链等领域，推动了新的商业模式和机会的出现。这些技术不仅提升了企业的运营效率，还创造了全新的市场和产业。全球互联网用户数量的增加，尤其是在发展中国家，使得更多的人能够参与数字经济。这不仅促进了电子商务的发展，也推动了在线教育、远程医疗和数字金融等行业的增长。电子商务平台的兴起改变了传统的商业模式。消费者可以更方便地购买商品和服务，而企业也能够接触到全球市场，扩大销售渠道。数字支付系统的发展使得在线交易更加便捷和安全。移动支付、二维码支付和加密货币等新型支付方式的普及，加速了交易过程，提升了经济活动的效率。尤其是在新冠疫情之后，远程工作的普及推动了数字工具和平台的发展。这不仅改变了工作方式，也减少了地理位置对就业和经济活动的限制。政府和企业在数字基础设施上的投资，例如5G网络和物联网设备，提供了更快、更可靠的连接，支持了智能城市、自动驾驶和工业4.0等先进应用的发展。数据已经成为一种新的生产要素。通过对数据的收集、分析和利用，企业可以更准确地进行市场预测、用户行为分析和个性化服务，从而提升竞争力和创新能力。数字经济打破了传统的地域限制，使得跨国企业可以更轻松地进行全球业务。数字平台和工具使得企业可以在全球范围内进行协作和资源配置。数字经济降低了创业的门槛，催生了大量的新创企业。同时，风险投资和私募股权基金也越来越多地关注科技和互联网领域的投资机会。

总的来说，数字经济通过提升效率、创造新市场、促进创新和全球化，成为推动全球经济增长的核心动力。各国政府和企业都在积极适应和推动这一变化，以期在新一轮的经济竞争中占据有利位置。

（二）外贸高质量发展是数字经济时代实现我国高质量发展的重要抓手

当前，世界正面临着百年未有之大变局，国际环境、制度环境等风云变幻，国际市场竞争加剧，贸易保护主义抬头，我国在不断提升自身的综合实力的同时也应采取多元化市场战略，减少对一部分国家的依赖程度。在应对发达国家在国际市场中占领主导地位，挤压发展中国家发展空间的困境中，我国需要继续优化产品结构，提升出口产品附加值以在国际竞争中占领高地。对于不断变化的国际经贸规则，我国应积极顺应和适应，通过深化改革、推动制度开放，健全法律法规体系，以推进现代化经济体系的建设。实现中华民族伟大复兴是近代以来中国人民最伟大的梦想，贯穿党的百年奋斗的鲜明主题，这也是未来三十年中国共产党和中国人民的最大追求。经济社会的高质量发展为中华民族伟大复兴提供了坚实的物质基础。党的二十大报告指出未来五年是全面建设社会主义现代化国家开局起步的关键时期，世界百年未有之大变局加速演进，新一轮科技革命和产业变革深入发展，国际力量对比深刻调整，我国发展面临新的战略机遇。高质量发展是全面建设社会主义现代化国家的首要任务。发展是党执政兴国的第一要务。没有坚实的物质技术基础，就不可能全面建成社会主义现代化强国。作为高质量发展的重要组成部分，出口贸易的高质量发展有助于推动我国的高水平对外开放，优化区域的开放布局，有序推进人民币国际化。

我国从中华人民共和国成立至今虽然已经基本建成了完备的工业体系，但很多领域和行业的技术含量依然不高，如此，关键技术就常常会受制于人。经济的富足不能只立足于 GDP 的世界第一，更要注重经济的结构和发展的质量。出口贸易的高质量发展有助于我国深度参与全球产业分工和合作，维护多元稳定的国际经济格局和经贸关系，提高我国在世界经济中的地位。在经济量扩展的同时，必须下大力气提高质量，只有建立在科技进步和结构优化基础上的经济增长才有长足的持续力，为中华民族伟大复兴提供强大的经济基础。必须完整、准确、全面贯彻新发展理念，坚持社会主义市场经济改革方向，坚持高水平对外开放，加快构建以国内大循环为主体、国内国际双循环相互促进的新发展格局。

2019 年 11 月，党中央发布了关于推动贸易高质量发展的指导意见，提出到 2022 年，我国对外贸易结构更加优化、贸易效益显著提升、贸易实力进一步增强。同时强调，要建立出口贸易高质量发展的指标、政策、统计和绩效评价体系。《中华人民共和国国民经济和社会发展第十四个五年规划和 2035 年远景目标纲要》明确提出，要全面提高对外开放水平，推进贸易和投资自由化便利化，持续深化商品和要素流动型开放，稳步拓展规则、规制、管理、标准等制度型开放，构建更高水平的开放型经济新体制。自由贸易试验区建设作为中国扩大对外开放的重要举措，是中国在新时代顺应全球政治经济发展的新趋势，搭建全面开放新平台、形成制度创新新高地以及引领高质量发展新载体的一项重要战略举措。从 2013 年 9 月到 2021 年 1 月，中国批准了 21 个自由贸易试验区，初步形成了区域协调、陆海统筹的开放态势，旨在促进中国新一轮的全面开放格局形成。在过去的"十三五"规划实施中，习近平总书记高度重视自由贸易试验区建设，并多次在重要场合对自由贸易试验区发展做出具体指导，擘画出对外开放的宏伟蓝图。目前，中国逐步完善自由贸易试验区的布局，构建了东西南北中全面覆盖的创新开放格局，在贸易与投资自由便利化领域的探索取得了显著成效。2015 年 3 月，国务院批复同意设立中国（杭州）跨境电子商务综合试验区，这是全国首个跨境电商综试区。随后，杭州综试区形成的成功经验得以在全国范围内复制推广，截至目前全国共设立了132个跨境电商综合试验区。

（三）出口企业高质量发展是实现外贸高质量发展的本质要求

外贸高质量发展是经济高质量发展的重要组成部分，而高质量出口又是外贸高质量发展的主要体现。《"十四五"对外贸易高质量发展规划》中指出：到2035年，外贸高质量发展跃上新台阶，其中贸易结构更加优化，进出口更趋平衡，创新能力大幅提升，绿色低碳转型取得积极进展，安全保障能力显著提高，参与国际经济合作和竞争新优势明显增强。贸易自由化便利化达到全球先进水平，维护全球贸易合法合规，对全球经济发展和治理体系改革贡献更加突出。出口企业既是对外贸易的交易主体，也是推动创新能力大幅提升、绿色低碳转型的能动主体。总之，出口企业高质量发展是实现外贸高质量发展的本质要求。因此应该提高对出口质量的重视，充分发挥高质量出口促进外贸高质量发展的作用。从当前全球贸易发展形势来看，实现出口企业高质量发展不仅要求实现更优化的出口产品结构和更高的出口产品质量，还要求实现更高的贸易数字化水平和经济绿色化水平。优化出口产品结构、扩大出口产品范围能够缩小地区和产业间收入差距；提高出口产品质量能够获得更高收益；贸易数字化水平和经济绿色化水平的提高，有利于促进传统出口方式转型升级，提升交易效率。而这些都将进一步助力实现外贸高质量发展。

（四）数字经济蓬勃发展为出口企业高质量发展提供难得契机

新一轮科技革命正在全球范围内引领经济向高质量发展迈进，数字经济在这一过程中成为各国竞争的战略高地。美国、日本和欧盟等发达经济体已经率先制定了详尽的数字经济发展规划，致力于在人工智能、大数据、云计算、5G网络和区块链等新兴技术领域进行大规模投资和战略布局，以确保在全球数字经济竞争中的领先地位。例如，美国通过推出"美国人工智能计划"和"国家量子计划"等一系列政策，大力推动人工智能和量子计算等前沿技术的发展。日本也在"社会5.0"战略框架下，推动物联网和大数据技术在社会各个领域的应用，旨在打造一个智能化、可持续发展的社会。欧盟则通过《数字单一市场战略》和《欧洲数据战略》等，致力于打破数字壁垒，建立统一的数字市场，增强数字经济的整体竞争力。在政府政策的推动下，中国数字经济呈现出快速发展的态势。数据显示，中国的数字经济规模在2020年已经达到39.2万亿元，占GDP的比重达38.6%。这一数字在未来几年预计将继续增长，从而进一步推动经济的高质量发展。

随着中国对外贸易规模的不断壮大，外贸质量问题也逐渐成为学术界和政府关注的焦点。高质量的外贸不仅是国家经济实力的体现，更是国际市场竞争力的重要指标。然而，传统外贸模式在效率和质量上存在一定的局限性。通过数字经济的赋能，可以实现外贸流程的优化，提升产品质量和服务水平，从而增强中国在国际市场上的竞争力。

总之，新一轮科技革命和数字经济的发展，为中国外贸的高质量发展提供了前所未有的机遇。通过深入研究和解决出口贸易质量问题，不仅能够提升中国外贸的国际竞争力，还能推动产业结构优化和经济的高质量发展，从而实现国家经济长期可持续的增长目标。

因此，本书聚焦于数字经济对出口企业高质量发展的影响，以期从数字经济视角找到助推出口企业高质量发展、解决中国贸易发展困难、推动外贸高质量发展、提升我国对外贸易国际竞争力的现实路径。

二、研究意义

（一）理论意义

对外贸易有其悠久的理论基础，在经济学界已经形成了一个独立学科，从而形成了对贸易活动的理论支撑。但是，出口贸易质量，这本身就是一个新的话题，在日常活动或者政府文件中经常提及，而真正上升到学术研究的并不多见。又特别是将出口企业高质量发展加以测度，需要在现有对外贸易理论基础上，结合研究需要，形成一种新的认识，从而上升到理论层面。正如蔡刚（2009）[1]提出的，需要从理论和实践层面就出口贸易质量问题进行深入研讨，否则将会因为贸易质量问题严重影响贸易对经济增长的助推作用，

---

[1] 蔡刚. 我国出口贸易质量存在问题分析与对策研究[J]. 现代商业，2009（09）：82.

有时候甚至还会起到严重破坏作用。具体来讲，贸易质量这个概念，通常是人们在所从事的贸易日常活动中不断认识并逐渐形成新的见解，从而抽象为一种新概念。从贸易理论渊源来讲，在不同认识的条件下，贸易质量的内涵有其特别规定性，成为代表不同立场的利益主张。比如，重商主义晚期，高质量的贸易活动主要表现为大规模的贸易顺差，以及由此带来的金银数量的增加；在自由经济思想引导下，贸易理论发生根本改变，自由贸易理论成为支配国际贸易的理论基石，这时，贸易质量的内涵发生相应改变，即衡量一国贸易质量高低，主要看该项活动是否有利于增加社会总产品数量，是否有利于降低贸易活动成本，是否有利于增加比较优势。

当今世界，全球贸易保护主义开始抬头，特别是在新冠疫情期间，逆全球化趋势愈加明显，众多西方国家开始考虑通过政府主导方式，吸引制造业回归，贸易保护势头更为明显。这时，贸易质量的内涵主要转向对制造业的布局和提升方面，也就是说，贸易的质量高低主要取决于制造业的发展水平。同时，对于贸易出口国来讲，由于贸易规模不断扩大，本国资源耗费加剧，环境将受到影响，这时候评价出口贸易质量主要考虑对国内环境的影响程度。而对于发展中国家来讲，出口贸易的质量内涵，更多是聚集在对本国产业结构优化、推动社会发展等方面。因此，对贸易质量内涵的评价已经发生了根本变化，既不会以贸易顺差逆差来表示，也不会以社会财富增减来度量，而是一个综合考量。主要体现在两个方面：一方面，对外贸易活动对经济产生直接效应，比如通过对外贸易活动，可以加速经济增长，从而实现国民财富增加，这种考量聚焦在对外贸易的直接经济效应上。另一方面，通过开展对外贸易活动，在拉动经济增长的同时，可以增加工作岗位，解决社会就业难题，同时也会对自然环境产生影响，这种考量聚焦在对外贸易间接产生的社会效应方面。总体来讲，本书深入分析出口企业高质量发展的相关问题，对推动贸易高质量发展具有重要的理论意义。

（二）实践意义

"问题引导研究，研究解决问题"，这是研究贸易质量问题的出发点与落脚点。从数字经济视角切入出口企业高质量发展的研究，具有如下的现实价值和实践意义。

1. 有利于提升出口企业竞争力和推动贸易强国建设

2021年是中国加入世界贸易组织整整20个年头,同时,又是中美贸易战进入深层次、全方位较量之际,也是新冠疫情影响下逆全球化趋势抬头之年。通过测度出口企业高质量发展,有助于加深对外贸活动客观规律的认识,对我国对外贸易水平做出更加客观的评价,有利于全方位地了解我国对外贸易活动短期面临的实际需求,长期面临的最主要矛盾与危机,同时也清楚对外贸易活动的优势与劣势。无论是党的十九大报告中提出的"推进贸易强国建设"还是党的二十大报告中提出的"加快建设贸易强国"都体现着我国对于贸易强国一如既往的重视以及为此所做出的不懈努力。2022年我国货物贸易进出口总值首次突破40万亿元关口,达42.07万亿元,比2021年增长7.7%,其中出口总值为23.97万亿元,比2021年增长10.5%。无论是从贸易规模还是增长速度来看,我国贸易大国地位日益牢固,连续6年占领货物贸易第一大国地位。然而随着外贸总额基数的不断扩大,我们不仅要关注外贸的总额与增速,出口贸易附加值也成为度量贸易强国的重要指标。

基于这一系列具有全局性的认识,本书尝试通过出口产品范围、出口产品质量和经济绿色化转型三个方面测度出口企业高质量发展水平,并从理论和经验层面深入分析了数字经济对出口企业高质量发展的影响,以期对今后时期中国对外贸易活动提出有针对性改进举措,以便在逆全球化潮流中掌握贸易活动的主动权,提高我国出口竞争力,进一步推动我国出口贸易高质量发展和贸易强国建设。

2. 有利于畅通国内国际循环和推动经济高质量发展

出口企业高质量发展是外贸高质量发展的本质要求,外贸高质量发展是经济高质量发展的重要组成部分,因此,本书的研究有利于畅通国内国际循环和推动经济高质量发展。贸易的高质量发展主要从以下四个方面推动经济高质量发展:首先,贸易的高质量发展有利于充分利用国际与国内两个市场中的资源,拓宽我国经济发展的空间,为构建新发展格局打下良好基础。实现贸易的高质量发展能够促进资源更加精准与高效地分配,充分利用国际市场中我国发展所需的进口产品与服务,填补国内供给的空缺,充分满足国内需求。此外,高质量贸易也有利于助推我国对外贸易相关政策体制变革,促进更加完善更高开放水平新体制的形成,从而提升我国国家治理体系效率与治理能力。其次，高质量的贸易发展有助于增强我国对于全球价值链分工变化的适应能力，使我国在国际分工的核心环节中占领更加重要的地位，为实现贸易强国的目标打下坚实基础。目前，国际分工从产业间分工与产业分工逐步演变为产品内部的精细化分工。在这种国际分工形势下，以中间品贸易为主导的国际贸易导致企业在全球价值链中的国际地位决定了国际贸易体系中的利益分配。而贸易高质量发展能够帮助我国更好地融入全球产业链、供应链与价值链，为我国在全球价值链中地位攀升提供新动力。除此之外，高质量贸易发展也有助于我国应对错综复杂的国际环境。

因此，本书从数字经济视角出发，重点分析数字经济的发展对出口企业高质量发展的影响，以期对畅通国内国际循环提供现实路径，推动我国经济高质量发展，具有强烈的现实意义。

第二节 研究内容与技术路线

一、研究内容

本书的研究聚焦于数字经济推动我国出口贸易高质量发展问题，在现有研究的基础之上，分别从互联网、电子商务、数字化投入三个维度刻画数字经济发展程度，从出口产品范围、出口产品质量、经济绿色化转型三个维度刻画出口企业高质量发展，从数据层面探究了数字经济影响出口企业高质量发展的现实逻辑，从理论层面剖析了数字经济影响出口企业高质量发展的理论基础，从经验层面验证了数字经济对出口企业高质量发展的促进作用。具体而言，首先，从与数字经济相关的研究、与贸易高质量发展相关的研究和与数字经济影响贸易高质量相关的研究三个方面系统梳理现有文献；其次，搭建数字经济影响出口企业高质量发展的理论框架，并对数字经济和我国对外贸易发展的典型事实进行分析。然后，基于多维度数字经济刻画指标和出口企业高质量发展度量指标，综合运用固定效应模型、工具变量方法分析数字经济对出口企业高质量发展的因果效果和作用机制。最后，结合前述研究结果，提出针对性提升对策。

通过对1995—2013年的中国工业企业数据库、2000—2016年中国海关数据库、国家统计局省级层面数据进行整理，得到了涉及中国31个省份的制造业出口企业的样本，并最终选取2000—2013年数据作为基础样本。在研究过程中，本书选取互联网上网人数占年末常住人口的比重作为衡量互联网程度的指标，以海关编码来衡量企业的出口产品范围，并加入企业层面和省级层面随时间变化的控制变量，来控制其他因素对产品范围的影响。根据已有文献分析本章提出三条假设，分别为：互联网的发展有利于扩大出口产品范围；互联网促进电子商务发展，线上方式促进出口产品范围扩大；互联网提高企业收入，促进企业出口产品范围扩大。通过基准回归分析、稳健性检验结果分析、异质性检验结果分析、内生性分析与作用机制分析，分别探究了互联网的发展对出口产品范围的影响以及互联网通过何种作用机制促进出口产品范围的扩大，并最终得出以上三条假设均成立的结论。

当今世界正加速进入数字经济时代，电子商务成为时代发展的重要引擎。使用来自中国海关进出口数据库的企业层面数据，对企业层面数据进行初步处理，识别并剔除贸易中间商或代理商。省份层面的数据来自国家统计局地方统计年鉴，最终形成31个省份2013—2016年的面板数据作为基础样本。聚焦微观企业层面考察电子商务对企业出口产品质量升级的影响，验证了电子商务作用于企业出口产品质量升级的具体机制。在研究过程中，采用企业拥有网站数来衡量电子商务发展水平，并进行取对数处理。通过引入具体的计量模型，根据产品需求量推算出产品的质量，并借鉴其他学者的方法对产品质量进行标准化处理，标准化后的产品质量加总后计算得到企业—年份层面的出口产品质量。通过基准回归分析、稳健性检验、异质性分析与内生性检验，分别探究了电子商务会对企业出口产品质量产生怎样的影响以及如何产生影响，并分别探究了电子商务对不同所有制、不同区域的企业出口产品质量的影响。并得出了电子商务发展显著促进了企业出口产品质量升级；电子商务发展对位于东部地区、所有制类型为民营企业的出口产品质量的促进作用更为明显；电子商务主要通过提升企业进口中间品的质量进而促进了企业出口产品质量的提高的结论。

随着全球气候问题的日益突出，发展低碳经济和绿色贸易已经成为各国政府应对气候问题时的战略选择。所用数据主要来自世界投入产出数据库（WIOD），使用世界投入产出表和环境账户资料测算数字化投入水平和碳排放强度，样本期为2000—2014年，各行业增加值和资本存量数据来自WIOD数据库中2014年的社会经济账户，FDI数据来自联合国贸易和发展会议网站，构建环境规制强度所需的数据来自世界银行WDI数据库。在研究过程中通过计算二氧化碳排放总量与行业总产值的比值得出碳排放强度来衡量经济绿色转型。通过借鉴其他学者的投入数字化完全消耗系数法，即用行业对数字要素的直接消耗和间接消耗总和来测度投入数字化水平，全面反映数字化产业通过产业关联效应对各个行业的全面影响。根据已有文献分析本章提出三条假设分别为：数字化投入对经济绿色化转型具有正向促进作用；数字化投入可通过提高生产率促进经济绿色化转型；数字化投入可通过能源要素替代促进经济绿色化转型。通过基准回归分析、稳健性检验、内生性分析、异质性分析及机制检验分别探究了数字化投入对经济绿色化转型的影响以及数字化投入如何对经济绿色化转型产生影响，并最终得出三条假设均成立的结论。

二、技术路线

本书采用规范研究与实证研究相结合的研究方法，通过"背景分析—文献回顾—典型事实论证—实证分析—结论分析—路径选择分析—建议与展望"的研究技术路线，逐步进行分析研究与探索。本书的研究对象是出口企业高质量发展，关注的问题是数字经济对出口企业高质量发展的影响，研究目标是找到影响出口贸易高质量发展的相关要素以便于找准着力点促进出口贸易的高质量发展。本书的研究不仅丰富了有关对外贸易的研究，也从多个途径为我国出口贸易的高质量发展提供政策建议，有助于提高我国的出口竞争力，促进我国贸易强国的建设，以便在逆全球化潮流中掌握贸易活动的主动权，为实现中华民族伟大复兴的中国梦贡献力量。

综上所述，本书的主要研究技术路线详见下图。具体包括规范分析和实证分析，首先进行规范分析，然后进行实证分析，最后进行总结并提出政策建议和研究展望。

```
                  ┌─────────────────┐
                  │ 介绍选题背景、理 │──▶┌──────────┐◀──┤ 国内外关于出口企业 │
                  │ 论与实践意义     │   │ 绪论     │   │ 高质量发展最新研究 │
                  │                  │   │ 与文献综述│   │                    │
                  └─────────────────┘   └──────────┘   └────────────────────┘
                             │                │
┌──────┐   ┌─────────────┐   ▼   ┌──────────────────┐   ┌─────────────┐
│ 规范 │   │ 数字经济发展 │──▶│ 数字经济影响出口企业 │◀──│ 对外贸易发展 │
│ 分析 │   │ 的典型事实   │   │ 高质量发展的现实逻辑 │   │ 的典型事实   │
└──────┘   └─────────────┘   └──────────────────┘   └─────────────┘
                                      │
                                      ▼
           ┌─────────────┐   ┌──────────────────┐   ┌─────────────┐
           │ 经典国际贸易理论│──▶│ 数字经济影响出口企业 │◀──│ 出口企业高质量发展 │
           │              │   │ 高质量发展的理论分析 │   │              │
           └─────────────┘   └──────────────────┘   └─────────────┘
                                      │
┌──────┐                              ▼
│ 实证 │          ┌───────────────────────────────────┐
│ 分析 │          │ 数字经济对企业出口产品范围的影响分析 │
└──────┘          └───────────────────────────────────┘
                  ┌───────────────────────────────────┐
                  │ 数字经济对出口企业产品质量的影响分析 │
                  └───────────────────────────────────┘
                  ┌───────────────────────────────────┐
                  │ 数字经济对出口企业绿色化转型的影响分析│
                  └───────────────────────────────────┘
                                      │
                                      ▼
           ┌──────────┐        ┌──────────────┐
           │ 规范分析 │        │ 结论与展望   │
           └──────────┘        └──────────────┘
```

本书主要研究技术路线

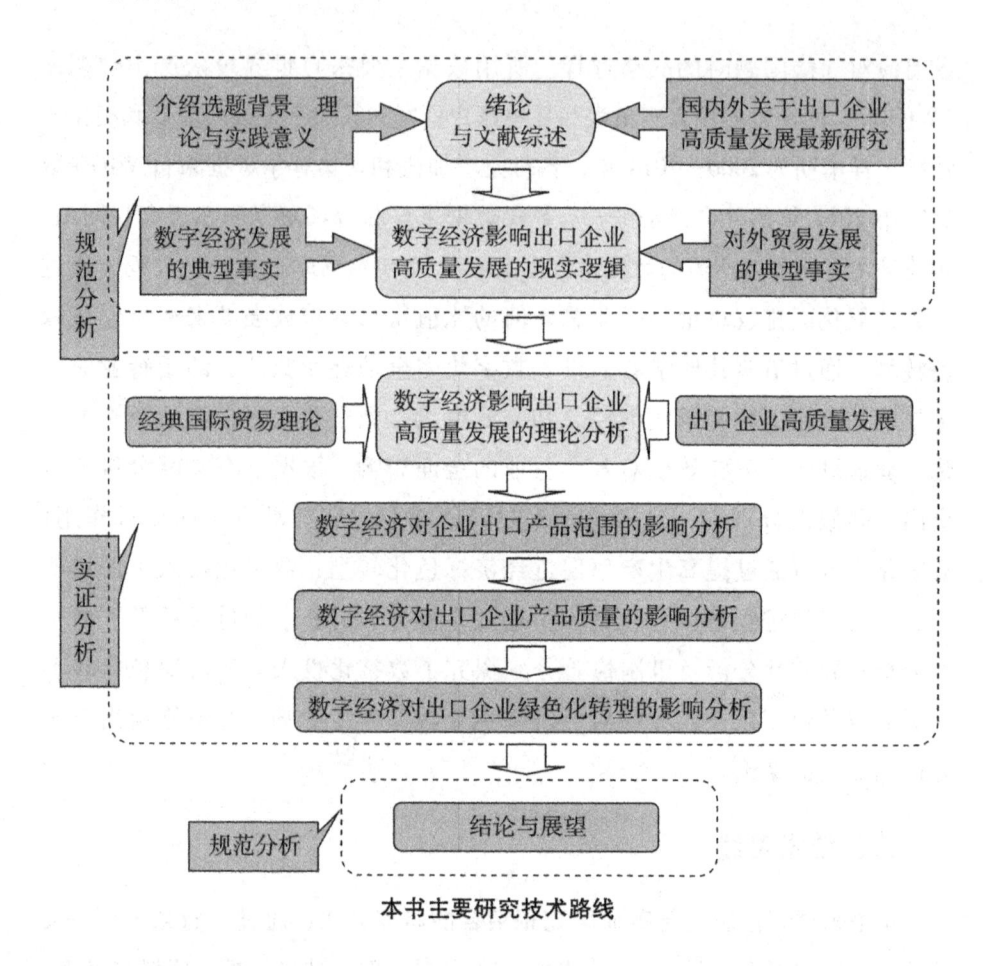

第三节 研究思路与研究方法

一、研究思路

研究框架内每个章节的主要内容如下：

第一章 绪论。主要目的在于为全书研究打下基础。首先，通过阐述本选题的背景和研究意义，试图厘清为什么要开展本研究；其次，简单分析本研究关注的研究内容与技术路线；提出本研究思路与使用的研究方法，提出创新之处。

第二章 文献回顾与评述。分别从数字经济相关的研究、贸易高质量发展相关的研究、数字经济影响出口企业高质量发展相关的研究三个方面进行梳理，为之后的研究打下理论基础。

第三章　数字经济影响出口企业高质量发展的现实逻辑。本章主要从两个方面进行阐述，一方面是数字经济发展的典型事实，主要包括互联网普及率不断提高、电子商务交易额日益增长与数字化投入不断扩大；另一方面，是对外贸易发展的典型事实，主要包括对外贸易整体规模不断扩大、对经济增长的贡献逐渐提高、出口贸易质量稳步提升。

第四章　数字经济影响出口企业高质量发展的理论分析。本章主要从互联网与企业出口产品范围、电子商务与企业出口产品质量以及数字化投入对经济绿色化转型三个方面对数字经济与出口贸易高质量发展这一主题进行支持与验证。

第五章　互联网对企业出口产品范围的影响研究。本章采用中国工业企业数据库、海关数据与国家统计局分省年度数据的匹配数据，探究了互联网如何影响企业的出口产品范围。提出三条假设，分别为：互联网的发展有利于扩大出口产品范围；互联网促进电子商务发展，线上方式促进出口产品范围扩大；互联网提高企业收入，促进企业出口产品范围扩大。实证结果表明以上三条假设均成立，互联网的发展对于企业出口产品范围具有显著的正向促进作用。互联网的发展有助于降低企业生产、销售成本，降低消费者购买产品的价格同时扩大产品的选择范围，有助于促进企业收入的提高，因而促进企业出口产品范围扩大。

第六章　电子商务对企业出口产品质量的影响研究。本章利用来自中国海关进出口数据库和国家统计局的2013—2016年研究电子商务发展对企业出口产品质量的影响，使用需求剩余法测度了出口产品质量。分别进行基准回归分析、稳健性检验、异质性分析、内生性问题处理得出电子商务发展显著提高企业出口产品质量这一结论。电子商务对不同所有制类型、不同区域分布的企业的出口产品质量升级产生异质性影响。民营企业相比国有企业，电子商务水平较高，对出口质量的提升作用显著；电子商务对于位于东部地区的企业的出口产品质量的提升作用更加显著。

第七章　数字化投入对经济绿色化转型的影响研究。本章使用WIOD数据库，基于2000—2014年42个经济体、55个部门的面板数据，进行了理论分析与研究假设,并对各经济体各行业数字化与碳排放现状进行分析。构建理论模型,实证分析了数字化投入对经济绿色化转型的影响效应,研究发现:数字化投入对碳排放具有显著的抑制作用,数字化投入呈"绿色效应";提高生产率、对能源要素替代是数字化投入抑制碳排放的作用机制,对经济绿色化转型有重要作用;异质性分析表明:数字化投入对发达经济体的绿色效应优于发展中经济体;高耗能行业、资本密集型行业劳动密集型行业、较高劳动要素技能行业和数字产业的数字化投入对碳减排的效应更明显;2008年之后数字化投入对降低碳排放强度的作用更显著。

第八章　研究结论、政策建议及未来展望。本章是在前述完成数字经济影响中国出口贸易质量发展实证检验与分析之后,从增加开放度、优化商品结构、改善商品质量和发展服务贸易等角度为今后出口贸易质量水平的提升提出对策建议。通过扩大数字经济高质量开放、优化商品结构、改善商品质量、发展数字服务贸易、加强数字化人才的培养与储备、拓展出口企业融资渠道缓解企业融资约束、提升数字经济品牌价值、积极参与并引领全球数字经贸规则治理,进而促进我国出口贸易的高质量发展。总结了前文的研究结论,并在此基础之上提出现有研究的不足之处,包括:统一的理论体系有待构建、更加先进的前沿因果识别方法有待补充、数字经济相关的高频数据有待丰富,同时从测度体系的构建与多元细分化的研究两个方面提出了未来可能进一步探讨的问题。

二、研究方法

本书拟采用的研究方法主要包括定量分析法、文献分析法、比较分析法以及规范研究与实证研究相结合的方法,分别从互联网对企业出口产品范围的影响、电子商务对企业出口产品质量的影响以及数字化投入对经济绿色化转型的影响三个方面综合探究了数字经济对出口企业高质量发展的影响。定量分析法中不乏经典和前沿的固定效应模型和工具变量方法。

(一) 文献分析法

所谓文献分析法,就是通过搜集、处理相关主题研究的已有文献,形成对有关主题的科学认识具体方法。作为一种国内外主流的科学研究方法,文献分析法是在其他学者工作成果的基础上进行的，以其显著的低成本、高效率优点为研究中的进一步工作分析提供基础资料与信息。文献研究法贯穿于本书的各个章节，尤其是在第一章综述国内外有关出口贸易质量研究最新进展、研究出口贸易质量基础理论等部分，在构建指标体系、测度方法选择、实证分析等方面也有所涉及。

（二）定量分析法

定量分析法是对事物或事物的各个组成部分进行数量分析的一种研究方法，其结果通常由大量的数据来表示。依据统计数据，建立数学模型，并用数学模型计算出研究对象的各项指标及其数值，使研究者通过对这些数据的比较和分析做出有效的解释。本书使用两类定量分析法：第一类是计算关键指标的方法，比如企业出口产品范围的测算方法，本书使用企业 HS8 分位和 HS6 分位产品数目度量企业出口产品范围，使用产品质量测算方法计算企业出口产品质量；第二类是计量分析法。综合使用 OLS、固定效应模型、工具变量方法研究互联网、电子商务等数字经济新业态对贸易高质量发展的影响。

双向固定效应是指在面板数据模型中，分别控制了时间和地区固定效应，即将不随时间变化的个体特征，以及不随地区变化的时间特征进行控制。双向固定效应模型 $y_{it} = v_1 + e_t + \sum_{k=1}^{K} \chi_{itk} \beta_k + \varepsilon_{it}$，即在一般模型中假设 $u_{it} = v_i + e_t + \varepsilon_{it}$。双向固定效应 v_i 和 e_i 都是固定常数，而 ε_{it} 是误差项，具有常规假设。若将固定效应看作虚拟变量，则固定效应模型基本上是一般的回归模型。对固定效应模型，最小二乘估计是最优线性无偏估计。

工具变量法是一种估计方法，某一个变量与模型中随机解释变量高度相关，却不与随机误差项相关，那么就可以用此变量与模型中相应回归系数得到一个一致估计量，这个变量就称为工具变量，这种估计方法就叫工具变量法，其有助于解决实证研究过程中存在的内生性问题以增加结论的可信度。

（三）比较分析法

比较研究法是对事物同异关系进行对照、比较，从而揭示事物本质的思维过程和方法。通过把客观事物加以比较，以达到认识事物的本质和规律并做出正确的评价。通常做法是把两个相互联系的指标数据进行比较，从数量上展示和说明研究对象规模的大小、水平的高低、速度的快慢以及各种关系是否协调。本书所使用的比较研究方法，主要应用于对外贸易高质量测度指标体系构建、测度工具选择、中国与主要西方发达国家出口贸易质量差异以及优化出口贸易质量方面的经验做法等，这些部分均大量涉及比较研究方法。

第四节　创新之处

在研究视角上，外贸高质量发展是国家战略需求和未来发展方向，当前已有大量文献从不同角度对贸易高质量发展进行研究，如在新发展格局下、在价值链视角下、在双循环的背景下、在自贸区的政策下等宏观层面对贸易高质量发展进行分析。新一轮科技革命为数字经济的发展带来了契机，"十三五"期间，中国的数字经济高速发展，现位居世界第二，在数字经济高速增长的背后又为贸易高质量发展带来了哪些驱动力，本书的创新性是从数字经济角度对出口企业高质量发展相关问题进行了深入分析，补充了现有文献的不足。

在衡量指标上，本书以已经从事出口贸易的企业为研究对象，聚焦于数字经济推动出口企业高质量发展问题，从宏观、微观两个方面分析数字经济对出口企业高质量发展的影响。本书在现有文献的基础之上，构建了数字经济和出口企业高质量发展的衡量指标。具体使用互联网、电子商务、数字化投入三个维度刻画数字经济发展程度。数字经济主要包含两方面的内容：一是产业数字化；二是数字化产业。本书将重点放在产业数字化方面，探究数字经济对现有出口企业高质量发展的影响。互联网、电子商务和数字化投入是出口企业实现高质量发展所借助的平台和数字投入要素。对于已经进行出口贸易的企业，使用互联网、电子商务、数字化投入三个维度来衡量数字经济发展程度，能够更准确地评估和研究数字经济对出口企业高质量发展的影响。出口产品范围越大，一定程度上意味着出口企业的抗风险能力越强；出口产品质量的提升是衡量每一个出口企业发展水平高低的重要标准；在"双碳"战略背景下，企业绿色化转型也越来越成为衡量出口企业发展水平的重要指标，本书创造性地将企业绿色化转型纳入出口企业高质量发展的衡量指标中，能够更全面地衡量出口企业发展水平。因此，本书使用出口产品范围、出口产品质量、经济绿色化转型三个维度刻画出口企业高质量发展水平，以期更全面准确地衡量出口企业高质量发展水平。本书在衡量指标上做了一次有益的尝试，能够对现有相关研究做一个有效补充。

在研究方法上，本书在大量研究方法基础上，综合考虑数据可获得性、数据质量等关键因素后，综合使用了双向固定效应模型和工具变量方法。在探究互联网对企业出口产品范围的影响的章节中，分别使用通过对互联网渗透率进行滞后一期处理的数据以及域名数作为工具变量对可能存在的内生性进行分析以保证结论的可靠性。在探究电子商务对企业出口产品质量的影响的章节中，使用企业所在地区互联网普及率作为电子商务发展水平的工具变量来排除由遗漏变量、双向因果与测量误差所带来的内生性影响。在探究数字化投入对经济绿色化转型的影响的章节中，分别利用数字化投入滞后一期的一次项和二次项作为工具变量进行二阶段最小二乘估计，排除了内生性对碳排放强度的影响。以上两种方法能够较好地识别数字经济对出口贸易高质量发展的因果效应。

在研究结果上，本书研究聚焦于数字经济推动我国出口企业高质量发展问题，在现有研究的基础之上，从数据层面探究了数字经济影响出口企业高质量发展的现实逻辑，从理论层面剖析了数字经济影响出口企业高质量发展的理论基础，从经验层面验证了数字经济对出口企业高质量发展的促进作用。基于上述分析提出了推动出口企业高质量发展的现实路径。政府应加快完善数字基础设施，提升数字经济推动出口企业高质量发展的驱动力；进一步鼓励和支持数字平台发展，助力更多中小企业走向世界；支持和引导出口企业加大数字化投入，推动企业数字化转型；加快发展数字服务贸易，改善我国贸易结构；加强数字化人才的培养，支撑出口企业高质量发展。本书的研究结论对政府和企业都具有一定的启示和借鉴意义。

综上所述，在当前国际形势之下，我国应当加大数字经济的开放、改善对外贸易商品结构、大力发展高新技术以及加大服务贸易的力度从而推动出口企业高质量发展。

第五节　本章小结

本章主要从宏观层面展示本书的选题背景和总体研究框架，并对国内外有关出口贸易质量研究的最新进展进行综述、回顾与评价。具体来看，主要从理论与实践角度来回答为什么要对出口企业高质量发展开展研究？研究过程中所设计的框架是什么？准备采用什么样的研究工具来实现研究目标？已经研究技术路线、研究方法及论文的创新点等。对以上问题得出的清晰认知有助于在接下来的研究中明确主题厘清思路，为接下来的研究打下了扎实的基础。

第二章 文献综述

本章通过全面梳理关于数字经济和出口企业质量发展的国内外研究，以期能够为本书的后续研究提供理论和实证研究支撑。根据本书的研究路径和逻辑，具体从以下章节梳理现有文献。

第一节 数字经济发展的研究

一、数字经济的内涵与测度

数字经济的概念最早由 Tapscott[①] 于 1996 年在《数字经济：治理互联时代的前景与风险》一书中提出，数字经济是以互联网接入为代表的基础设施、电子商务以及运用信息通信技术的 B2B、B2C 与 C2C 交易模式被广泛运用的经济系统。在传统生产要素推动经济增长疲软，知识与技术进步遭遇瓶颈的背景下，信息在优化产业结构与管理上的作用愈发凸显，数字化的知识与信息成为关键生产要素（孙杰，2020）[②]。21 世纪后，伴随着信息通信技术的快速发展，与数字经济相关的研究不断涌现。

[①] Tapscott, D. The Digital Economy: Promise and Peril in the Age of Networked Intelligence [M]. New York: Mc Graw – Hill, 1996.

[②] 孙杰. 从数字经济到数字贸易：内涵、特征、规则与影响 [J]. 国际经贸探索, 2020, 36 (05): 87 – 98.

目前，学术界对于数字经济的定义尚未达成一致，国内外的学者从不同角度对数字经济的内涵进行了分析。一些学者认为数字经济是数字技术发展带来的新经济形态，基于数字技术视角对其内涵进行了界定。李长江（2017）[1] 将其定义为主要以数字技术方式进行生产的经济形态。荆文君和孙宝文（2019）[2] 指出数字经济是在互联网与新兴技术快速发展下产生的新经济形态。Goldfrab & Tucker（2019）[3]、许恒等（2020）[4] 认为数字经济是信息通信技术产业化与市场化的表现。此外，部分学者根据数字经济的特征与发展趋势对其进行了概括。Knickrehm et al.（2016）[5] 定义数字经济为数字化投入带来的经济产出。张雪玲和焦月霞（2017）[6] 将数字经济总结为以信息通信技术的数字化为关键生产要素，利用信息通信基础设施形成虚拟网，对各行业业务流程、交易方式形成深刻变革，促进电子商务发展，赋予企业生产经营活动与居民生活消费活动数字化特征，改变了经济结构与经济价值创造的方式。许宪春和张美慧（2020）[7] 认为数字经济是以数字技术为基石、数字化平台为主要媒介、数字化赋权基础设施为支撑的经济活动。Bukht & Heeks（2018）[8] 将数字经济归纳为基于信息通信技术的数字基础设施、数字技术服务与数字技术催生的经济产出。

关于数字经济的测度，不同国家、国际组织、学者都进行了深入探索。2014 年欧盟发布了数字经济与社会指数（Digital Economy and Society Index），该指数包含了宽带接入、人力资本、互联网应用、数字技术应用与数字化公

---

[1] 李长江. 关于数字经济内涵的初步探讨 [J]. 电子政务, 2017（09）: 84–92.

[2] 荆文君, 孙宝文. 数字经济促进经济高质量发展: 一个理论分析框架 [J]. 经济学家, 2019,（02）: 66–73.

[3] Goldfrab A, Tucker C. Digital Economics [J]. Journal of Economic Literature, 2019, 57 (1): 3–43.

[4] 许恒, 张一林, 曹雨佳. 数字经济、技术溢出与动态竞合政策 [J]. 管理世界, 2020, 36 (11): 63–84.

[5] Knickrehm M, Berthon B, Daugherty P. Digital Disruption: The Growth Multiplier [J]. Accenture Strategy, 2016 (1): 1–12.

[6] 张雪玲, 焦月霞. 中国数字经济发展指数及其应用初探 [J]. 浙江社会科学, 2017 (04): 32–40+157.

[7] 许宪春, 张美慧. 中国数字经济规模测算研究——基于国际比较的视角 [J]. 中国工业经济, 2020,（05）: 23–41.

[8] Bukht R, Heeks R. Defining, Conceptualising and Measuring the Digital Economy [J]. International Organisations Research Journal, 2018, 13 (2): 143–172.

共服务等多项指标。2018年美国经济分析局（BEA）首次发布了有关美国数字经济规模测算的相关报告，将数字经济分为计算机网络运行所需的数字使能基础设施、数字交易（电子商务）、数字媒体三部分。经济合作与发展组织（OECD）从投资智能化基础设施、赋权社会、创新能力与ICT促进经济增长方面构造了含有38个细分指标的数字经济指标体系。2021年国家统计局发布了《数字经济及其核心产业统计分类（2021）》，借鉴中国信息通信研究院的核算方式，从产业数字化与数字产业化两方面划定了数字经济的基本范围。欧盟的测度侧重于国家数字表现的重要趋势，BEA则从产业部门视角来进行划分，OECD的测度体系关注于数字经济在社会中发展的潜力，国家统计局根据产业分类体系进行核算，最大限度地保证了其与全行业的对应关系（陈鹤丽，2022）[1]。除此之外，一些学者从互联网发展、数字交易发展等多维度构建数字经济测度体系（刘军等，2020；王军等，2021；万晓榆和罗焱卿，2022）[2][3][4]。在综合参考现有研究的基础上，本书从互联网、电子商务、数字投入三个方面刻画数字经济，以期能够更为全面地衡量我国数字经济的发展水平。

二、互联网影响贸易的研究

互联网与贸易相关的研究已经较为丰富，大体上可以划分为宏观层面的研究和微观层面的研究。宏观层面的研究最早聚焦跨国面板数据，Freund and Weinhold（2002）研究了互联网对国际贸易的影响，发现互联网刺激了贸易，一个国家的网络主机增长10个百分点会导致出口增长约0.2个百分点，对于样本中的平均国家而言，1997—1999年，互联网对年出口增长的贡献约为1个百分点，主要机制是互联网通过降低固定成本来提高服务贸易出口。Blum and Goldfarb（2006）针对互联网和贸易地理距离的研究表明，在没有交

---

[1] 陈鹤丽. 数字经济核算的国际比较：口径界定、统计分类与测度实践 [J]. 东北财经大学学报, 2022 (04): 41-53.

[2] 刘军, 杨渊鋆, 张三峰. 中国数字经济测度与驱动因素研究 [J]. 上海经济研究, 2020, No.381 (06): 81-96.

[3] 王军, 朱杰, 罗茜. 中国数字经济发展水平及演变测度 [J]. 数量经济技术经济研究, 2021, 38 (07): 26-42.

[4] 万晓榆, 罗焱卿. 数字经济发展水平测度及其对全要素生产率的影响效应 [J]. 改革, 2022, (01): 101-118.

易成本的互联网上消费的数字商品的情况下，引力定律是成立的。类似地，Lin（2015）估计了互联网对促进国际贸易的影响，发现互联网可以降低交易者的信息成本，互联网用户每增加10%，国际贸易就会增加0.2%~0.4%。何勇和陈新光（2015）使用世界两百多个国家的数据研究了互联网对国际贸易的影响，发现互联网显著促进各国国际贸易发展。宏观层面不仅有聚焦于跨国面板数据，也有很多聚焦一个国家内部以及各城市层面的数据。聚焦城市互联网发展对城市出口贸易发展的影响，比如林峰和林淑佳（2022），他们发现"互联网+"对城市对外贸易发展具有明显正向促进作用，具体机制体现在数字经济、数字政务和数字生活三个方面，其中第三个方面的推动作用最为明显，但互联网的影响具有显著的条件性和空间外溢性特征。石良平和王素云（2018）基于省市层面数据研究了互联网对我国国际贸易发展的影响，发现互联网具有成本节约、信息溢出两大效应，也存在明显的异质性影响。

微观层面的研究也极其丰富。早期和较为全面的研究当属施炳展（2016），其研究了双边双向互联网链接对中国国际贸易的影响，发现互联网显著提高出口，主要影响体现在一般贸易、差异化产品、本土企业和生产率高的企业，具体的作用途径表现在互联网不仅提高出口概率，而且提高出口的二元边际，其中对出口集约边际的影响更大，另外互联网显著降低了出口价格。这反映了互联网作为信息平台，有利于降低出口中的信息不对称，促进出口贸易增长。在此基础上，施炳展和金祥义（2019）结合百度搜寻指数研究了互联网搜索对国际贸易的影响，发现互联网搜索显著促进贸易规模，优化贸易结构和改进贸易模式，主要机制体现在降低贸易不确定性。与上述研究类似，耿伟和杨晓亮（2019）通过合并中国工业企业数据库和海关数据库，以及构建理论分析框架，研究了互联网对企业出口增加值率的影响，他们发现互联网主要通过降低成本和促进创新提高企业出口增加值率。韩会朝（2019）研究了互联网对企业出口的影响，着重考察了互联网对企业的市场进入的静态影响，以及对企业的市场渗透的动态影响，发现这两个方面均显著提高了企业出口规模。朱勤（2021）研究了城市互联网对企业出口市场势力的影响，发现互联网具有创新效应和成本效应，其中前者发挥的作用更大。胡馨月等（2021）使用海关微观企业数据，研究了互联网对企业出口持续时间的影响，发现互联网显著降低出口风险，提高出口持续时间，具体机制分析发现互联网不仅可以通过风险匹配效应、风险分散效应与知识溢出效应降低出口退出风险，而且可以通过产品种类多样化、市场多元化分散出口风险。

三、电子商务影响贸易的研究

电子商务技术的出现对企业的出口产生了重大影响。然而，关于电子商务如何影响企业出口的研究较为有限。Moodley（2003）研究了电子商务平台对中小企业出口的影响，发现电子商务显著促进企业出口。Gregory et al.（2007）构建了一个刻画电子商务如何影响出口营销策略理论模型，并进行了实证检验。实证结果表明，内部电子商务驱动因素（产品在线可转让性和电子商务资产）直接提高了企业的促销适应程度，提高了沟通和分销效率，促进了更大的分销支持，并提高了出口企业的价格竞争力。此外，内部和外部电子商务驱动因素（出口市场电子商务基础设施和电子商务需求）调节环境因素与出口营销战略要素之间的关系。总体而言，其发现了电子商务显著促进企业出口的正向证据。岳云嵩和李兵（2018）基于中国微观数据研究了电子商务平台应用对企业出口的影响，其研究发现，电子商务平台有利于提高企业出口概率和出口规模，主要渠道是电子商务平台的使用有助于提高生产效率，促进交易匹配，降低出口门槛。李泽鑫等（2021）利用阿里巴巴数据研究了电子商务对企业出口国内附加值率的影响，发现电子商务平台的使用显著提高了企业出口 DVAR，作用渠道主要是电子商务平台的使用显著降低了采购成本降低引致的成本变动效应，市场进入导致的竞争加剧引发了中间品替代，以及交易匹配效率的提升促进了订单收入增加。

作为互联网和电子商务结合的新业态和新模式，跨境电子商务在促进出口方面具有独特的优势。张洪胜和潘钢健（2021）发现跨境电商通过降低搜寻成本和跨境物流成本降低出口贸易成本。马述忠和房超（2021）跨境电商作为一种新业态显著促进出口增长，主要机制是跨境电商降低了信息成本和发挥规模经济。类似地，魏悦羚和张洪胜（2022）研究了跨境电商对出口产品质量的影响，发现跨境电商显著提高了出口产品质量，主要渠道是跨境电商降低了进口搜寻成本，进而提高了中间品进口质量。马述忠和胡增玺（2022）研究了跨境电子商务对企业出口风险的影响，发现跨境电商有利于降低出口风险，作用机制是通过多元化降低风险并实现风险规避。

四、数字化投入影响贸易的研究

随着数字经济的发展，学界开始逐渐关注数字化投入问题。首先是数字化投入的界定。Negroponte（1996）在数字经济经典著作《数字化生存》一书中从数字化角度阐释了数字经济的内涵，并指出数字化投入是数字经济重要的体现形式。《中国数字经济发展白皮书（2017）》指出数字化投入是产业数字化转型的重要实现途径，是数字经济的重要赋能方式。Eurostat（2017）认为，需要从数字化的中间产品或服务等数字化投入的经济效应角度刻画数字经济发展水平。张晴和于津平（2020）将投入数字化定义为企业运用数字化基础设施、媒体与交易等投入要素进行产业变革。产业数字化作为数字经济的主要组成部分，是数字技术在各产业部门广泛应用经济活动的表现，实现途径就是数字化投入（肖旭和戚聿东，2019；祝合良和王春娟，2021）。其次，随着数字技术和传统产业融合，"数字化红利"开始成为国内外学者关注的焦点，丰富的研究成果表明，数字化对于提升全要素生产率（涂心语和严晓玲，2022），促进技术创新（唐松等，2020），优化能源结构（Murshed，2020），实现价值链地位攀升（高敬峰和王彬，2020；张晴和于津平，2020；齐俊妍和任奕达，2021）等都具有重要意义，这为经济绿色低碳转型带来新契机。

学术界围绕数字化投入与经济绿色转型的研究进行了多角度的分析和探讨，总体来看，目前关于数字化投入与经济绿色化转型的直接相关研究较少。与之密切关联的较早一类研究，主要围绕着信息通信技术、互联网发展与碳排放、能源强度等的关系展开。一部分研究是关于信息通信技术与降低能源消耗强度。Toffel and Horvath（2004）指出无线技术的出现不仅减少了厂商对实体场地的需求，而且远程办公模式的普及极大地减少了与工作、购物相关的通勤需求，有利于降低能源强度。张三峰和魏下海（2019）研究发现：通信技术的发展会通过提高企业技术水平、鼓励设备创新以及提升生产模式的柔性程度等方式降低企业能源强度。而 Steffen et al.（2020）认为数字化对能源消耗的影响主要包括抑制效应与增长效应两大类，抑制效应主要表现为数字化能够通过提高能源使用效率和优化产业结构降低能源强度。增长效应的作用机制主要表现为数字技术的生产、使用、处置直接增加的能耗和数字技术赋能经济发展所间接引致的能源需求两方面。一部分研究是关于数字经济有助于碳减排。Hasan（2009）指出信息技术的使用形成了嵌入社会的数字生态系统，通过改变工作、生活的方式来创建更具社会组织文化和减少碳足迹的企业，从而在气候变化的全球挑战中发挥积极作用。Vidas-Bubanja（2014）认为数字经济与绿色经济的整合发展为实现可持续发展提供了可能，数字经济的绿色潜力使生产生活更加节能，数字经济技术是应对气候变化和环境挑战的有力解决方案；Ulucak and Khan（2020）采用1990—2015年金砖国家的面板数据进行实证，发现信息技术的使用显著减少了碳排放，通过促进各个经济部门的技术进步助力金砖国家的脱碳过程。郑馨竺等（2021）通过模拟以清洁能源和数字经济为主的绿色复苏和以碳密集行业刺激为主的传统经济复苏情景，发现加速能源清洁化、保持数字经济发展势头是未来实现长远气候目标和经济复苏的最优选择。户华玉和佘群芝（2022）基于跨国（地区）行业面板数据对制造业数字化转型影响出口隐含碳强度的效应及作用机制进行了检验，发现制造业数字化转型能够降低出口隐含碳强度。然而，并非所有的研究都认为数字化转型对碳排放的影响是线性的。Faisal et al.（2020）在以新兴国家为样本进行研究后发现，ICT与碳排放之间呈现"倒U形"关系。中国学者李寿国和宋宝东（2019）基于中国省级面板数据考察了互联网发展与碳排放之间的关系，发现二者间也呈"倒U形"关系。樊轶侠和徐昊（2021）同样基于我国省份面板数据实证研究发现我国当前数字经济与经济绿色化之间符合"倒U形"曲线关系，即随着数字经济水平的提升，经济绿色化水平会表现出先上升后下降的变化趋势。

第二节　出口企业高质量发展的研究

一、出口贸易质量内涵

国内外对贸易质量（Quality of Trade）内涵的研究主要从微观层面和宏观层面予以阐释。在微观层面上，对出口贸易质量内涵的阐述：国内外学者主要以古典贸易理论和新新贸易理论为理论基础，通过刻画进出口产品质量来反映一国的进出口贸易质量或贸易水平。自20世纪八九十年代开始，Falvey and Kierzkowski（1984）[①]、Grossman and Helpman（1991）[②]、Feenstra（1994）[③] 等西方众多学者研究通过构建阐释出口产品质量的测度函数来分析样本国家的国际贸易发展情况。这一类相关研究逐渐聚焦并不断完善进出口产品质量的测度，Schott（2004）[④]、Hallak（2006）[⑤] 通过计算进出口产品单位价值来测度产品质量，但这种方法遭受的质疑是进出口产品质量仅仅是影响进出口产品质量的因素之一；进而，Amiti and Khandelwai（2009）、Khandelwai（2010）、Hallak and Schott（2011）又相继开展了使用多维度信息以测算进出口产品质量，进一步解决通过进出口产品单位价值测度产品质量的方法存在不足。基于以上理论和实证研究，国内外学者也相继对中国出口产品质量进行研究，Khandelwal（2010）[⑥] 选取汇率、油价、空间距离等因素，将美国进口贸易作为研究对象，测算了不同国家向美国出口产品质量。Khandelwal et al.（2013）[⑦] 以中国为研究对象，采集海关数据测度了对美国、欧盟等经济体出口纺织类产品质量。施炳展（2014）[⑧]、李坤望等（2014）[⑨]、余淼杰和李乐融（2016）[⑩] 先后在中国出口产品细分上进行详尽研究，通过使用中国海关 HS 八分位数下出口产品做样本分析中国出口产品贸易质量。陈保启和

[①] Falvey, Rodney E, Kierzkowski, Henryk. Product quality, intra – industry trade and（Im）perfect condition.

[②] Gene M. Grossman, Elhanan Helpman. Quality Ladders in the Theory of Growth [J]. The Review of Economic Studies, 1991, 58（1）：43 – 61.

[③] Robert C. Feenstra. New Product Varieties and the Measurement of International prices [J]. Anerican Economic Review, 1994, 84（1）：157 – 177.

[④] Schott P. K., Across – Product versus Wihtin – Product Specialization in International Trade [J], Quarterly Journal of Economics, 119（2., 647 – 678.

[⑤] Hallak J. C., Product Quality and the Direction of Trade [J], 2006, Journal of International Economics, 68（1），238 – 265.

[⑥] Amit & Khandelwal. The Long and Short（of）Quality Ladders [J], . Review of Economic Studies, Wiley Blackwell, vol. 77（4），P. 1450 – 1476, 2010.

[⑦] Khandelwal, Amit K., Peter K. Schott, and Shang – Jin Wei. "Trade Liberalization and Embedded Institutional Reform: Evidence from Chinese Exporters." American Economic Review, 2013, 103（6）：2169 – 2195.

[⑧] 施炳展. 中国企业出口产品质量异质性：测度与事实 [J]. 经济学（季刊），2014，（1）：263 – 284.

[⑨] 李坤望，蒋为，宋立刚. 中国出口产品品质变动之谜：基于市场进入的微观解释 [J]，中国社会科学，2014（3）.

[⑩] 余淼杰，李乐融：贸易自由化与进口中间品质量升级——来自中国海关产品层面的证据 [J]，经济学（季刊），2016（2）.

毛日昇（2018）[①] 通过测算中国和世界主要经济体的 HS 六分位下出口产品质量，以比较分析中国出口贸易质量的发展情况。

此类以进出口产品质量反映一国出口贸易质量或发展水平的微观研究，其纵向深度上不断加强，样本的细分程度不断强化；然而，仅从进出口产品质量层面阐释一国出口贸易质量或贸易水平是缺乏全面性和系统性的。正如裴长洪等（2011）[②] 研究指出，在探索研究中国外贸发展时，应在基于厂商的贸易理论基础上，结合中国自身发展经验从外贸的国民收益方式、竞争方式、市场开拓方式和资源利用方式等宏观层面制定更为合理的衡量指标体系。

在宏观层面上，出口贸易质量的阐释主要集中在国际组织和国内学者的相关研究。其中，就国际组织而言，世界银行（The World Bank）、经济合作与发展组织（OECD）、联合国贸发会（NNCTAD）分别通过构建包含多项贸易专题指标来衡量和比较世界各国的贸易质量和贸易活动；然而，这些国际组织并没有就贸易质量给予明确概念阐释。在国内相关学者的研究中，出口贸易质量最早是冯德连（1995）提出并指出贸易需要从数量型向质量型转变，这是国内学者首次针对贸易质量问题进行初探[③]。而后，国内学者就出口贸易质量展开研究。潘永源（2002）[④] 研究指出国家对外贸易在其国民经济发展及运行中发挥作用的强弱主要取决于外贸质量，并将外贸质量的内涵阐述为对外贸易在国民经济发展和运作中发挥作用的程度和取得的动态、静态效应。闫国庆和陈丽静（2002）[⑤] 从静态、动态两个维度阐释了中国出口贸易质量的相关问题。张梅霞（2006）[⑥] 研究指出，从本质上讲出口贸易质量反映一国外贸活动对该国贸易功能的实现程度与效果。杨倩（2006）[⑦] 研究指出，

[①] 陈保启，毛日昇. 中国国际贸易水平的测度分析——基于出口产品质量的主要经济体间比较[J]. 数量经济技术经济研究，2018（4）.

[②] 裴长洪，彭磊，郑文. 转变外贸发展方式的经验与理论分析——中国应对国际金融危机冲击的一种总结[J]. 中国社会科学，2011（1），77-87.

[③] 冯德连. 推进外贸发展由数量型向质量型转变的思考[J]. 经济体制改革，1995（05）：28-31+127-128.

[④] 潘永源. 试论我国外贸质量现状及其优化对策[J]. 苏州大学学报，2002（02）：36-40.

[⑤] 闫国庆，陈丽静. 对我国外贸发展规模与质量问题几点思考[J]. 经济问题，2002（12）：78-80.

[⑥] 张梅霞. 论技术对提升中国贸易质量的作用[J]. 当代经济，2006（07）：128-129.

[⑦] 杨倩. 优化我国出口贸易质量问题研究[D]. 东北财经大学，2006.

从静态维度看，对外贸易通过国内比较优势来获得国际分工收益，从而提升国内生产能力，充分满足国内需求，增进全社会福利增加；从动态维度看，一个国家通过对外贸易活动，还可以进一步促进经济增长，提升劳动生产率，促进经济结构优化；贸易质量的优劣直接影响国家外贸活动在经济运行中所发挥的作用。何莉（2010）[①] 将出口贸易质量的内涵与外延进行剖析，其内涵主要表现在对外贸易本身发展质量方面，可以使用的测度指标有贸易方式、地区分布、产品结构、从事外贸业务的资产运营情况、企业自身素质等。同时，对外贸易也将对宏观经济发展、社会进步产生积极的促进作用，这种效应主要体现在促进经济增长、产业结构调整升级、科学技术进步、税收增加以及充分就业等方面。喻志军、姜万军（2013）[②] 研究指出，出口贸易质量主要是指在一个国家或地区经济运行过程中对外贸易整体运行情况，甚至也包括对外贸易对经济发展、社会进步的贡献、产生的实际效果等。

对国内学者关于外贸质量内涵的相关文献梳理，我们发现外贸质量内涵包含的核心点有：贸易的基本表现情况（包含贸易方式、贸易结构以及贸易条件）、贸易承载的功能和作用（对国民经济、社会、环境等）、贸易引致的参与全球产业分工程度、所掌握资源的收益率等。

二、出口贸易质量的测度与评价

国内外学界对外贸质量的测度研究集中在微观层面，主要表现在两个方向：出口绩效和出口产品质量。其中，出口绩效（Export Performance）测度方法的核心是从多个维度构建指标来衡量微观层面的企业出口行为。Diamantopoulos. A（1999）[③] 研究了出口贸易活动中出口绩效的指标选择问题，指出针对出口商出口绩效的研究可以从效应指标和原因指标来评估。Carneiro et al.（2006）[④] 分别从测度类别、参照物、时间定位三个维度构建了出口绩效分析

[①] 何莉. 中国出口贸易质量评价体系研究. 财经科学, 2010（2）：58 – 65.

[②] 喻志军，姜万军. 中国出口贸易质量剖析 [J]. 统计研究, 2013, 30（07）：25 – 32.

[③] Diamantopoulos, A., 1999, "Viewpoint – export Performance Measurement: Reflective Versus Formative Indicators", International Marketing Review, 16（6）：444—457.

[④] Carneiro, J., Da Rocha, A., & Da Silva, J., The export performance construct: development of a new measurement model and guidelines for validation. Proceedings of the Annual Meeting of the Academy of International Business, Beijing, China, 2006.

框架，并指出测度类别包括经济、市场、行为态度、战略选择等构成，参照物包含绝对价值和相对价值，时间定位包括静态和动态变化，出口绩效所反映的是出口行为的综合结果。Carneiro et al.（2007）[1]阐释了出口绩效的一般分析框架，为出口绩效深入研究提供了概念上的支持；Benkovskis，K & Rimgailaite，R.（2010）[2]基于出口产品多样性、出口产品质量和出口产品数量三个方面综合评价了出口绩效从出口数量、产品多样性和产品质量三方面综合评价出口绩效，解决了仅有出口产品数量衡量出口绩效的缺陷。耿晔强和史瑞祯（2018）[3]构建了贸易自由化条件下的进口中间品质量与企业出口绩效的理论模型，分析了进口中间品质量升级影响企业出口绩效的机制。孙天阳和成丽红（2020）[4]基于社会网络和企业异质性视角研究了协同创新网络与企业出口绩效，研究指出全球价值链不断深化下，企业可以通过协同创新网络促进企业与科研单位之间的优势互补和资源统筹，提升企业的出口绩效。

从宏观层面研究一国出口贸易质量的测度体系的相关文献主要集中国际组织和国内相关研究中。就国际组织而言，世界银行（The World Bank）通过设置包含净易货贸易条件指数、产品出口、产品进口、产品贸易占 GDP 比重、货物和服务出口占 GDP 比重、货物和服务进口占 GDP 比重、高科技产品出口占 GDP 比重、高科技产品进口占 GDP 比重等 16 项指标来衡量一国外贸质量和发展水平。经济合作与发展组织（OECD）通过设置包括货物和服务的贸易、货物和服务贸易预测、货物贸易、服务贸易、国际收支经常账户、经常账户余额预测、按企业规模出口、按企业规模进口、国内总出口增加值、贸易条件、出口中的进口内容 11 个贸易分项指标刻画一国出口贸易质量和发展水平。

国外学术界尚无对贸易质量的宏观综合性测度研究。国外对贸易质量的测度研究主要是进出口产品质量，上文已述。国内学界对贸易质量的研究主要基于定性分析居多，对贸易质量的宏观综合性测度研究定性研究很少。闫

---

[1] Carneiro, J., Rocha, A., Silva, J. F., A Critical Analysis of Measurement Models of Export Performance, Brazilian Administration Review, May/Aug., 2007, P1-19.

[2] BenkovskisK, Rimgailaite R. The quality and variety of exports from the new EU member states [J]. Economics of Transition, 2011, 19 (4): p.723-747.

[3] 耿晔强，史瑞祯. 进口中间品质量与企业出口绩效 [J]. 经济评论. 2018（05）.25-34.

[4] 孙天阳，成丽红. 协同创新网络与企业出口绩效——基于社会网络和企业异质性的研究[J]. 金融研究，2020（3），35-36.

国庆和陈丽静（2002）[①] 分别基于出口产品结构、出口贸易方式、出口贸易主体和环境问题四个方面分析了中国对外贸易发展规模和出口贸易质量。杨倩（2006）[②] 从出口产品结构、出口贸易增长方式、贸易地理分布、出口加工贸易质量、出口贸易收益、能源和环境等方面阐释了中国出口贸易质量。何莉（2011）[③] 通过构建一级、二级指标形成综合性外贸质量评价体系，采用赋权法和加权线性法着重分析了中国出口贸易质量的阶段性表现。朱启荣和言英杰（2012）[④] 也采用了设计层级指标的方法构建了中国外贸增长质量综合评价体系，并采用主成分分析法分析了中国外贸质量的发展情况。马林静（2022）[⑤] 通过构建基于外贸结构、外贸绩效、外贸竞争力、外贸规模的层级指标体系测度了中国外贸质量水平。

三、出口贸易质量测度的实证研究

通过对国际组织、国外和国内学界对外贸质量内涵及测度的有关研究，我们发现对外贸质量的实证研究主要包含两大类：一是基于出口产品质量、出口绩效为测度方法的微观层面实证研究，主要表现是国外经济学者引领，国内经济学者在国外学者研究理论模型和实证分析方法基础上对中国出口贸易质量测度及影响机制开展理论和实证相结合的研究；二是国内学者通过构建反映中国出口贸易质量的测度方法和评价体系，从宏观层面开展实证分析，这种反映外贸质量的测度方法和评价体系与世界银行（WB）、经济合作与发展组织（OECD）发布的一国对外贸易活动的评价体系相近。

第一，国外学者从出口产品质量和出口绩效为测度的相关研究很多。以出口产品质量测度的代表性研究有：Falvey and Kierzkowski（1984）、Grossman and Helpman（1991）、Feenstra（1994）、Schott（2004）、Hallak（2006）、

[①] 闫国庆，陈丽静. 对我国外贸发展规模与质量问题几点思考 [J]. 经济问题，2002（12）：78-80.
[②] 杨倩. 优化我国出口贸易质量问题研究 [D]. 东北财经大学，2006.
[③] 何莉，中国出口贸易质量评价体系研究，财经科学，2010（2）：58-65.
[④] 朱启荣，言英杰. 中国外贸增长质量的评价指标构建与实证研究 [J]. 财贸经济，2012（12）：87-93.
[⑤] 马林静，基于高质量发展标准的外贸增长质量评价体系的构建与测度 [J]. 经济问题探索，2020（8），33-43.

Amiti and Khandelwai（2009）、Khandelwai（2010）、Hallak and Schott（2011）、Khandelwal、Schott and Wei（2013）等；国内相关研究成果颇丰，如施炳展（2014）、李坤望等（2014）、余淼杰和李乐融（2016）、陈保启和毛日昇（2018）、张先锋等（2018）[①]、李宏兵等（2019）[②] 等（前文已述）。以出口绩效测度的代表性研究有：Diamantopoulos. A（1999）、Carneiro et al.（2006）、Carneiro et al.（2007）、Benkovskis，K and Rimgailaite，R.（2010）等；相关研究国内学者有耿晔强和史瑞祯（2018）、孙天阳和成丽红（2020）等。

第二，国内学者从宏观层面上构建反映中国出口贸易质量的测度方法和评价体系。潘永源（2002）[③] 通过外贸企业资产情况、外贸企业自身素质、进出口产品经济效益、贸易基础条件、进出口产品结构、进出口贸易等指标对中国出口贸易质量实证分析。闫国庆和陈丽静（2002）[④] 提出了测度出口贸易质量的指标，主要包括一国或地区所采取的贸易方式、出口产品结构、贸易企业情况、环境影响等四个方面。魏浩和毛日昇（2003）[⑤] 依据劳动、资本、技术三要素对产品影响程度，将中国出口产品分为劳动密集、低技术，劳动密集、高技术，资本密集、低技术，资本密集、高技术等四种类型，并由此来检验中国对外贸易的质量水平。杨倩（2006）在设计出口贸易质量指标时，采取出口方式、产品结构、贸易地理空间、环境影响、贸易收益等指标对中国外贸质量进行实证分析。朱启荣（2011）[⑥] 从外贸产生的经济效益、社会效益、资源利用水平、绿色发展能力以及结构优化等五个方面来建立评价指标，采用主成分分析法实证检验了1990年以来中国对外贸易发展方式转变。朱启荣和言英杰（2012）[⑦] 依托前期研究修订评价指标，选择中国对外

[①] 张先锋，陈永安，吴飞飞. 出口产品质量升级能否缓解中国对外贸易摩擦 [J]. 中国工业经济，2018（07）：43-61.

[②] 李宏兵，文磊，林薛栋. 中国对外贸易的"优进优出"战略：基于产品质量与增加值率视角的研究 [J]. 国际贸易问题，2019（07）：33-46.

[③] 潘永源. 试论我国外贸质量现状及其优化对策 [J]. 苏州大学学报，2002（02）：36-40.

[④] 闫国庆，陈丽静. 对我国外贸发展规模与质量问题几点思考 [J]. 经济问题，2002（12）：78-80.

[⑤] 魏浩，毛日昇. 从贸易大国向贸易强国转变——中国对外贸易竞争力的实证分析与调整思路 [J]. 中国软科学，2003（09）：32-37.

[⑥] 朱启荣. 中国外贸发展方式转变的实证研究 [J]. 世界经济研究，2011（12）：65-70+86.

[⑦] 朱启荣，言英杰. 中国外贸增长质量的评价指标构建与实证研究 [J]. 财贸经济，2012（12）：87-93.

贸易的增长速度、国际竞争能力、经济效益、社会效益以及资源利用水平、绿色发展能力等六个指标来测度我国出口贸易质量。贾怀勤和吴珍倩（2017）[1]在剖析出口贸易质量内涵基础上，从贸易增长、外贸结构、贸易可持续发展以及贸易地位提升等角度，使用了29个细分指标，构建了一套综合评价中国出口贸易质量指标体系并使用主成分分析法和功效系数法进行了实证分析。高金田和孙剑锋（2019）[2]从贸易基本发展状况、贸易与经济发展、贸易与新发展理念等三个方面出发，构建了25个指标，用于评价中国对外贸易宏观质量，使用TOPSIS灰色关联法开展综合评价，研究结论显示，中国对外贸易宏观质量具有波动性，并从优化贸易区域空间、对外贸易主体、方式以及加强服务贸易等方面，提出富有针对性的对策措施。

综上所述，微观层面上，现有研究主要基于出口产品质量和企业出口绩效对出口贸易质量进行测度；在宏观层面上，一些国内学者从多维度构建了出口贸易质量的评价体系，其中不仅包含了出口产品质量、出口产品结构等反映贸易发展基本情况的指标，也涵盖了资源利用能力、绿色发展水平等与我国坚定走绿色低碳贸易发展道路目标相契合的指标。因此，在参考总结现有相关文献的基础上，本书尝试从出口产品范围、出口产品质量与经济绿色化转型三个角度来度量出口企业高质量发展。

四、出口贸易质量提升路径的研究

国际信息中心闫敏（2017）[3]撰文指出，提升我国出口贸易质量的，应当重点放在四个方面：一是要加快推进实物贸易与服务贸易的融合；二是要不断优化对外贸易的结构；三是要降低外贸企业的成本负担；四是要着重加强与"一带一路"沿线国家的合作。近年来，许多学者出于对不同省份的调研，对部分省份出口贸易质量的提升路径做出了更加具体的分析，如侯学娟

---

[1] 贾怀勤，吴珍倩. 我国贸易质量综合评价初探 [J]. 国际贸易，2017（04）：40-44.
[2] 高金田，孙剑锋. 我国贸易宏观质量综合评价探究 [J]. 中国经贸导刊（中），2019（06）：4-9.
[3] 闫敏. 2018年我国对外贸易将呈现高质量发展特征 [N]. 中国证券报，2017-12-30（A08）.

(2017)① 以长三角地区上海、江苏、浙江、安徽等省市为研究对象,选取港口货物吞吐量、对外贸易额度、对外贸易方式、对外贸易产品结构等作为指标,考察了四个省市的出口贸易质量,其结果表明,每个地区的对外贸易都有自身的优势与劣势,要立足现实,不断弥补自身短板。比如,与上海和江苏相比较,浙江和安徽应当不断改善贸易结构,加快发展加工贸易,不断促进对外贸易结构升级,同时省份之间应当形成协同合力,共同提升出口贸易质量水平。冯德连(2019)②从"着力优化对外贸易结构、着力培育对外贸易主体、着力培育对外贸易竞争优势、着力促进对外贸易平衡发展、着力推进对外贸易平台建设、着力优化外贸营商环境"等六个方面提出了安徽省出口贸易高质量发展的对策和举措。李鸿阶和张旭华(2019)③为研究福建省出口贸易质量提升措施,从贸易规模、主体、市场结构、商品结构、贸易优势及方式等方面构建了一套出口贸易质量评价指标体系,并采用 TOPSIS 评价模型研究了福建省同广东省、浙江省以及江苏省等贸易质量方面的区域差异。其结论表明,同对外贸易发达省份相比较,福建省还有一些差距。在提升措施方面,建议既要保持外贸活动"优进优出",提升对外贸易主体的竞争能力,还要不断提升出口产品质量、出口产品品牌影响力等,还要改进加工贸易方式,不断培育对外贸易的新动能,等等。孙文娟(2019)④认为,要不断提高西藏的出口贸易质量,必须从创造良好贸易软环境、强化人文合作交流和加强基础设施建设等方面多管齐下,才能保证对外贸易更好地服务本地经济发展。江若尘和牛志勇(2020)⑤全面深入地研究了"十三五"时期上海市对外贸易发展情况,指出上海对外贸易活动的不足与问题,在此基础上着重提出,要推动上海出口贸易高质量发展,必须抓住科技创新、制度创新以及业态创新,不断优化贸易结构,特别是要推动货物贸易与服务贸易双轮驱动。

---

① 侯学娟. 长三角地区出口贸易质量比较研究 [J]. 广东蚕业, 2017, 51 (09): 92-93.
② 冯德连. 着力推进安徽出口贸易高质量发展 [N]. 安徽日报, 2019-01-29 (006).
③ 李鸿阶, 张旭华. 对外贸易发展质量省际比较与提升路径选择——基于福建与广东、江苏、浙江比较 [J]. 福建论坛(人文社会科学版), 2019 (01): 187-194.
④ 孙文娟. 持续提升出口贸易质量 [N]. 西藏日报(汉), 2019-12-10 (006).
⑤ 江若尘, 牛志勇. 进一步推动上海出口贸易高质量发展 [J]. 科学发展, 2020 (01): 57-64.

第三节　数字经济影响出口企业高质量发展的研究

一、从数字贸易视角研究高质量发展

梁会君（2022）将数字贸易、产业集群与经济高质量发展纳入统一框架，对数字贸易与产业集群协调发展影响经济高质量发展的传导机制进行有调节的中介效应检验。检验结果显示：从全样本层面来看，数字贸易与产业集群协调发展对经济高质量发展影响的总效应显著为正，但是传统技术进步的中介效应不显著，绿色技术进步的中介效应显著为正。传统技术进步的中介效应不显著主要是由传统技术进步作用于经济高质量发展路径发生阻滞导致的。提升市场化程度对数字贸易与产业集群协调发展影响经济高质量发展具有正向调节作用，从而使得作用路径得以畅通。进一步分区域检验结果显示，在东部地区传统技术进步和绿色技术进步的中介效应显著为正，在中部和西部地区传统技术进步和绿色技术进步的中介效应都不显著。进一步对中、西部地区中介效应中阻滞的路径进行调节，结果显示市场化程度的调节效应在中部地区显著为负，在西部地区不显著。

方昊炜等（2021）基于2014—2019年中国31个省份数字贸易面板数据，运用中介效应模型，对数字贸易如何作用于产业结构升级、促进地区经济高质量发展问题进行研究，进一步基于异质性视角，探究了东、中、西部地区的中介效应。研究发现，数字贸易对经济高质量发展存在双重影响机制，一方面数字贸易对经济高质量发展具有显著直接的促进效应；另一方面，产业结构升级能够发挥部分中介效应，助推数字贸易对经济高质量发展产生正向影响。从异质性视角看，东、中部地区产业结构升级均在数字贸易对经济高质量发展影响过程中发挥部分中介效应，且东部地区中介效应最为明显，而西部地区产业结构升级表现为遮掩效应。

二、从全球价值链视角研究贸易高质量发展

孟祺（2021）针对数字经济能否推动贸易高质量发展问题进行探究，从

理论上分析了数字经济影响贸易高质量发展的机制。使用 GVC 指数，借助 OECD 和 WTO 发布的 2018 版 TiVA 数据，从价值增值角度考察了主要国家的贸易地位，并从贸易地位角度实证检验了数字经济对贸易高质量发展的影响。由此得出结论：数字经济的发展促进了 GVC 地位指数的提升，提高了国家贸易地位，对于一国贸易高质量发展有着显著的正向作用。刘宇等（2022）指出必须依靠原始创新掌控全球价值链，加快与数字经济的深度融合，构建安全自主的国际循环新格局，加快完善制度型开放体制机制，为高质量发展提供新的动力。郭惠君等（2020）着眼于制造业的高质量发展，认为在全球价值链重构背景下，我国制造业贸易高质量发展的对策包括激发创新活力、优化加工贸易布局、吸引优质外资集聚、推动"一带一路"合作、大力推进跨境电商发展等。尤露等（2022）基于我国和 76 个主要经济体经济贸易数据，实证检验了全球价值链地位与我国出口贸易质量之间的关联性，并得出全球价值链地位的提高有利于改善我国出口贸易发展质量的结论，在全球价值链地位提升的过程中存在结构溢出效应，有利于我国出口贸易可持续发展。徐明君等（2015）认为要改变以成本优势为基础参与国际分工的传统观念，树立以生产效率为导向参与国际分工的原则，有利于鼓励企业加大对技术进步、人力资本、品牌创建、销售渠道等高级要素培育的投入，更多关注生产效率的提升，加快我国开放型经济转型升级。杨逢珉等（2019）认为，一国或地区在全球价值链上的分工和地位的不同，意味着其所产生的经济附加值存在差异。因此，提升我国全球价值链地位必将提高我国出口贸易质量。

三、从跨境电商视角研究贸易高质量发展

数字经济已经成为我国经济高质量发展的重要引擎，跨境电商是推动外贸转型升级、巩固外循环的重要突破口。孟涛等（2022）分析了数字经济视域下跨境电商高质量发展的理论基础，并基于推拉理论从数字技术赋能、数字品牌生态、数字规范治理和数字基础支撑四个方面构建跨境电商高质量发展的动力机制，探究跨境电商高质量发展的现实特征，提出我国应当充分利用数字经济新优势，通过数字核心技术赋能新动力、数字基础设施支撑新发展、数字品牌生态创造新价值、数字规范治理提供新保障四大对策，为"双循环"新发展格局和"建设数字中国"国家战略背景下我国跨境电商高质量发展提供重要启示。

徐保昌等（2022）讨论了RCEP的生效为中国—东盟跨境电商高质量发展带来的机遇和挑战，并提出了一系列促进中国—东盟跨境电商高质量发展的对策建议，如推进中国与东盟物流一体化建设，完善跨境电商支付体系，加快跨境电商复合型人才培养，建设中国—东盟跨境电商统一平台。周科选（2023）利用CEPII-BACI数据库中2001—2020年HS6分位层面的中国进口产品数据，运用双重差分法，实证检验了跨境电商产业政策对中国进口产品质量的影响，并得出跨境电商产业政策对中国进口产品质量有显著的正向影响的结论。跨境电商主要通过进口学习效应和进口竞争效应促进中国进口产品质量的提高。这一结论从跨境电商视角下为中国进口产品质量的提升以及贸易的高质量发展提供了新的思路。跨境电商的发展扩大了企业的进口选择范围，降低了企业搜寻目标产品或服务的成本，有利于企业提高进口产品质量。Torres and Foster-McGregor（2021）认为进口产品质量的提升在使得企业直接受益的同时，也显著增强了企业的出口竞争力。Chen et al.（2020）利用2001—2007年中国微观企业层面的数据进行实证研究得到了进口产品质量的提升有助于中国企业创新能力增强的结论。Xu and Mao（2018）、Andrea（2020）的研究均表明进口中间品质量的提升能够显著提升出口产品的质量水平。由此可见，跨境电商的发展提高了企业的进口产品质量，由此可增强企业的出口竞争力与出口产品的质量水平，提高中国企业的创新能力。

第四节　文献述评

本章全面梳理了数字经济和出口企业高质量发展的相关文献，国内外学者从各个角度对于本书用于衡量数字经济发展程度的互联网、电子商务与数字化投入三个指标进行了研究。关于出口企业高质量发展的研究，现有研究在贸易高质量发展的内涵、测度与评价方面以及具体的实证研究方法上均取得了诸多成果，也分别从国际贸易与全球价值链的角度探讨高质量发展的现实路径与实现方式，但仍存在以下不足：一是现有国外学术界缺乏对出口企业高质量发展的宏观综合性测度研究，国内学界对出口企业高质量发展的研究也主要集中在定性分析，缺乏对出口企业高质量发展的宏观综合性测度研究。二是现有大部分研究聚焦于互联网、电子商务、数字化投入三者分别与贸易之间的关系，其得出的对于出口贸易的影响呈现出更加具体化、细节化的结论，仅选择宏观角度或微观角度其一对出口贸易质量进行研究，不具有普遍推广意义。当前数字经济蓬勃发展并成为各国竞相竞争的战略高地，互联网、电子商务、数字化投入这三个要素均为数字经济中重要的组成部分，但现有文献并没有从数字经济的整体角度来探究其对于出口企业高质量发展的影响，对于出口贸易质量衡量方法也主要从微观层面进行衡量，具体集中在出口绩效和出口产品质量两个方面。基于出口产品多样性、出口产品质量和出口产品数量三方面综合评价出口绩效的方法尽管解决了仅有出口产品数量衡量出口绩效的缺陷，但也具有片面性。三是通过对国内外关于出口企业高质量发展的测度及实证研究文献梳理，以下问题有待研究：

- 国内外分别基于微观和宏观层面的外贸质量的研究，两者之间像是存在"鸿沟"而难于相遇。两类研究所依托的理论基础有何差异，研究理论路径是什么？

- 国内外有关学者从微观上通过出口产品质量和出口绩效刻画和反映一国的对外贸易发展水平或对外贸易发展质量是否科学、完备；这种立足于发达经济体的理论基础是否可完全适用于众多发展中国家？是否果真有益于发展中国家？

- 国内学者通过构建反映中国出口贸易质量的测度方法和评价体系的研究，仅仅表现在测度指标和评价体系细化和完善上，并未阐释如此构建的逻辑路径是什么？理论基础是什么？

- 我国作为发展中国家，如何测度我国出口企业高质量发展水平才更合理？

鉴于此，本书研究聚焦于数字经济推动我国出口企业高质量发展问题，出口产品范围、出口产品质量、经济绿色化转型三个维度刻画出口企业高质量发展水平。其次通过分析数字经济影响出口企业高质量发展的典型事实和搭建数字经济影响出口企业高质量发展的理论框架，从数据层面和理论层面剖析了数字经济对出口企业高质量发展的影响，最后在经验层面验证数字经济对出口企业高质量发展的促进作用和理论机制。本书从数字经济的整体角度来探究其对于出口企业高质量发展的影响，以期弥补现有文献的不足和对未来的研究提供新的研究思路。

第三章
数字经济影响出口企业高质量发展的现实逻辑

　　数字经济通过多种途径推动出口企业实现高质量发展，数字化技术如人工智能和大数据分析显著提升了企业的生产和运营效率，优化了供应链管理。跨境电商平台和数字营销工具为企业拓展国际市场提供了新的渠道，使其能够精准定位和吸引海外客户。数字技术推动了产品和服务的创新，企业可以通过市场需求分析开发符合国际市场的新产品，同时实现个性化定制，提升客户满意度。数字化转型还帮助企业降低成本，通过自动化和智能制造系统减少人工成本和生产误差，并优化资源配置。数字技术还提升了产品质量，通过全过程质量监控和管理，保证高质量供应。风险管理能力也得以增强，企业可以通过大数据分析和人工智能预测市场和供应链风险，采取预防措施。数字化手段还优化了客户关系管理，通过客户数据分析了解需求和反馈，改进产品和服务，增强客户黏性。许多国家出台的政策支持也为企业数字化转型提供了助力。数字经济为出口企业提供了新的动能和机遇，通过提升效率、拓展市场、驱动创新、控制成本、提升质量、增强风控能力和优化客户关系管理，使其能够更好地应对全球市场的挑战，实现可持续发展。

第一节 数字经济发展典型事实

一、互联网普及率不断提高

全球互联网渗透率持续提升。借助于互联网技术的快速发展和应用普及，全球互联网渗透率实现了持续提升，根据世界银行及 IWS 公布的数据，见图 3-1，截至 2021 年 3 月 31 日，全球互联网渗透率达 65.60%。

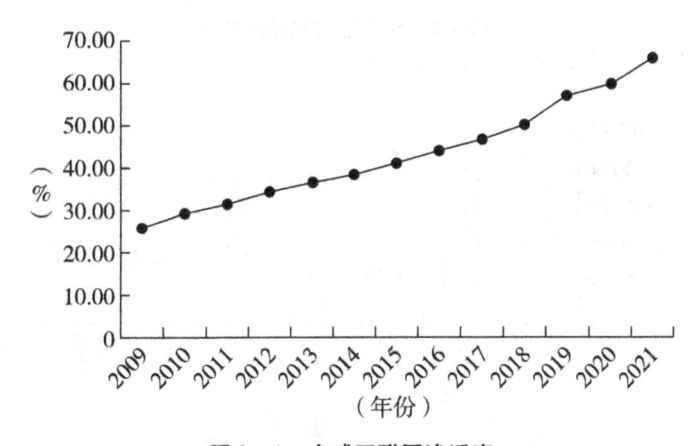

图 3-1　全球互联网渗透率

数据来源：世界银行、IWS、前瞻产业研究院

全球互联网用户不断增加。2009 年以来，互联网行业实现了高速发展。根据世界银行及 IWS 公布的数据，见图 3-2，2009—2021 年，全球互联网用户数量不断增加并呈现高速增长态势，截至 2021 年 3 月 31 日，全球互联网用户数量达到 51.69 亿人。

从全球各区域互联网渗透率角度来看，见图 3-3，截至 2021 年 3 月 31 日，互联网渗透率排名前三的区域为北美、欧洲、拉丁美洲，对应渗透率分别为 93.90%、88.20% 和 75.60%。排名最末的区域为非洲，其渗透率为 43.20%。

从全球各区域互联网用户人数来看，见图 3-4，截至 2021 年 3 月 31 日，亚洲地区互联网用户规模最大，达 43.27 亿人，占全球互联网用户人数的 54.94%。

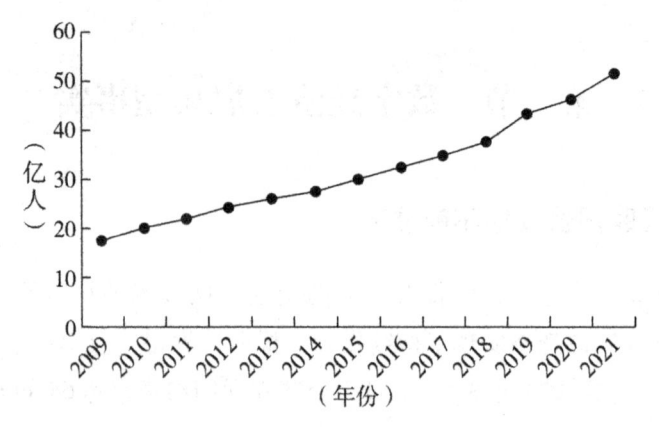

图 3-2 全球互联网用户数量

数据来源：世界银行、IWS、前瞻产业研究院

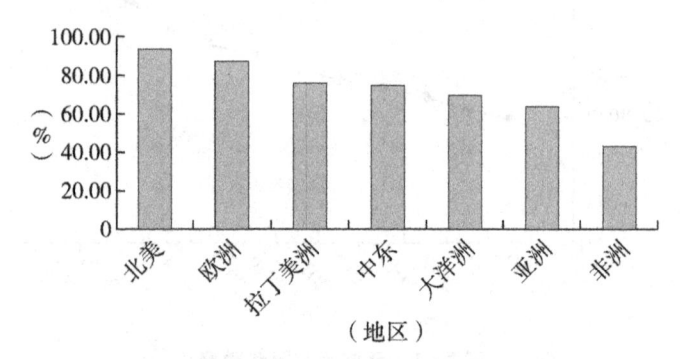

图 3-3 2021年全球主要区域互联网渗透率/普及率情况

数据来源：IWS、前瞻产业研究院

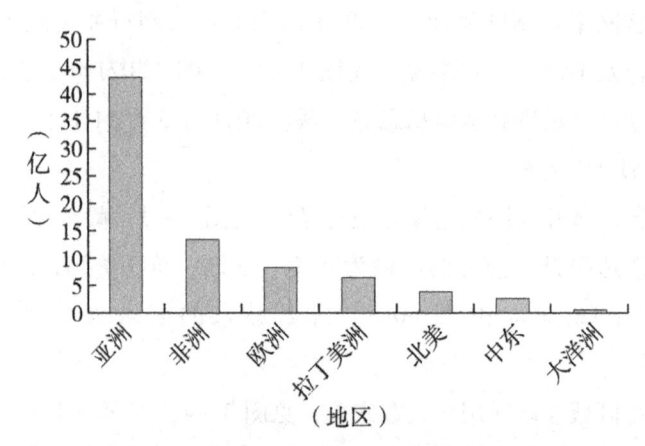

图 3-4 2021年全球主要区域互联网用户数量

数据来源：IWS、前瞻产业研究院

从各个国家/地区互联网发展情况来看，见图 3-5，2021 年全球国家/地区互联网普及率排名中，阿拉伯联合酋长国排名第一，其互联网普及率为 99.0%；第二为瑞士，普及率为 98.1%；第三为荷兰，普及率为 98.0%。中国以 65.2% 排名第 40。

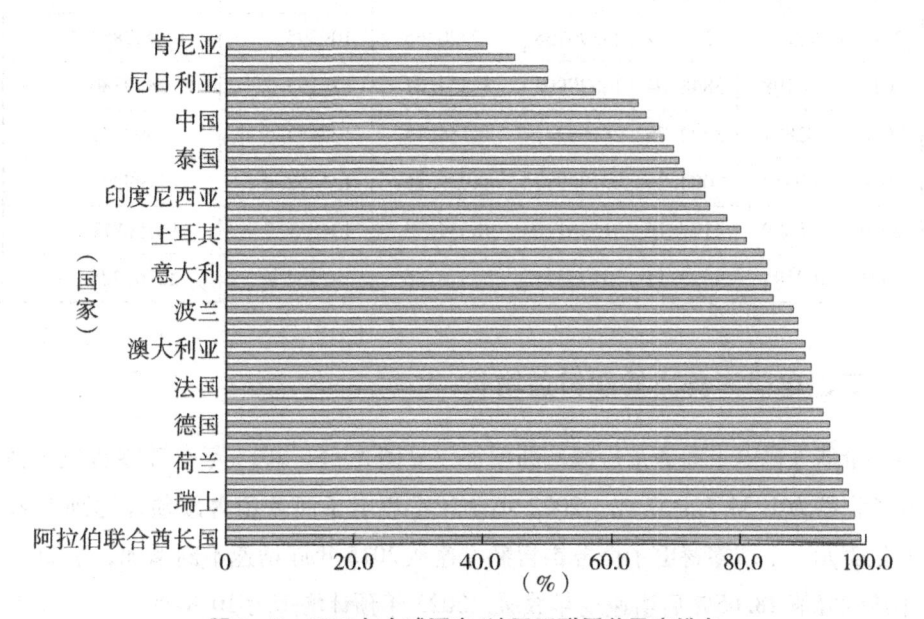

图 3-5　2021 年全球国家/地区互联网普及率排名
数据来源：WeAreSocial、前瞻产业研究院

我国互联网实现高速发展。由表 3-1 可知，2014 年我国上网人数为 64875 万人，在接下来的年份中上网人数不断攀升，到 2021 年已经达到 103195 万人。域名数在 2013—2021 年的 8 年间呈现出先增后减的趋势，于 2019 年达到顶峰，域名数 5094.23 万个。网页数不断增加，由 2014 年的 18991865 万个增加到 2021 年的 33496371 个，增长率高达 76.37%。宽带接入用户数与移动互联网接入流量均呈现出持续增长的态势，宽带接入用户数由 2014 年的 20048.34 万户增长到 2021 年的 53578.66 万户，移动互联网接入流量由 2014 年的 206193.6 万 GB 增长到 2021 年的 22163224 万 GB，增长率高达 106.49%。

表 3–1　2013—2021 年我国互联网主要指标发展情况

年份	上网人数（万人）	域名数（万个）	网页数（万个）	宽带接入用户（万户）	移动互联网用户（万户）	移动互联网接入流量（万GB）
2014	64875	2059.55	18991865	20048.34	87522.13	206193.6
2015	68826	3101.4	21229622	25946.57	96447.16	418753.3
2016	73125	4227.57	23599758	29720.65	109395	937863.5
2017	77198	3848.04	26039903	34854.01	127153.7	2459380
2018	82851	3792.75	28162241	40738.15	127481.5	7090039
2019	90359	5094.23	29782992	44927.86	131852.6	12199201
2020	98899	4197.76	31550110	48354.95	134851.9	16556817
2021	103195	3593.11	33496371	53578.66	141564.9	22163224

二、电子商务交易额日益增长

全球零售电子商务销售额不断增加，见图 3–6，2014 年全球零售电子商务销售额为 1.34 万亿美元，2022 年全球零售电子商务销售额预计达到 5.42 万亿美元。全球零售电子商务销售额增速从 2015 年起增速不断增加，于 2017 年达到峰值 28.65% 后增速逐年放缓，2022 年预计增速为 10.84%。

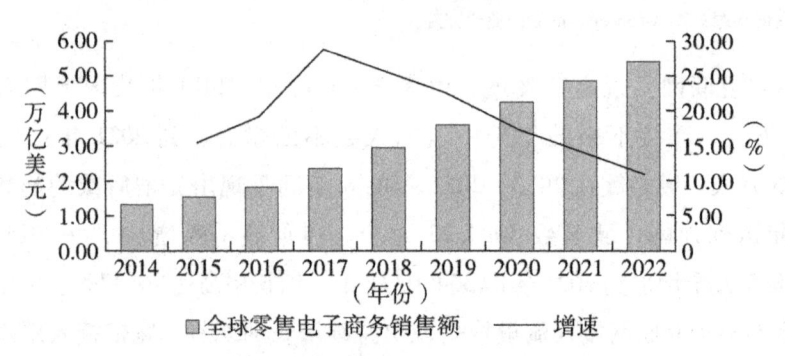

图 3–6　全球零售电子商务销售额及增速

数据来源：Statista，E–commerceWorldwide，国泰君安

全球零售总额的电子商务份额占比也不断扩大。见图 3–7，全球零售总额的电子商务份额占比由 2015 年的 7.40% 扩大到 2020 年的 18.00%，增速由 16.22% 提升到 27.66%。

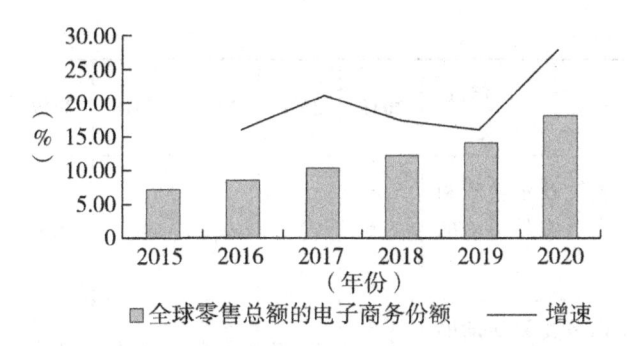

图3-7 全球零售总额的电子商务份额及增速

数据来源：Statista，E-commerce Worldwide，国泰君安

我国有电子商务交易活动的企业数比重整体上升。见表3-2，2015—2021年，我国有电子商务交易活动的企业数比重呈波动上升的趋势，2015年我国有电子商务交易活动的企业数比重为9.6%，到2021年我国有电子商务交易活动的企业数比重达到了11.2%。2015年有电子商务交易活动的企业数比重排名前五的行业分别为住宿和餐饮业；文化、体育和娱乐业；信息传输、软件和信息技术服务业；水利、环境和公共设施管理业；制造业。2021年有电子商务交易活动的企业数比重排名前五的行业分别为住宿和餐饮业；信息传输、软件和信息技术服务业；文化、体育和娱乐业；批发和零售业；水利、环境和公共设施管理业。由此可以看出，在信息传输、软件和信息技术服务业中的企业对电子商务的重视程度增加。批发和零售业企业有电子商务活动的企业数占比的增加说明批发和零售企业所从事的电子商务活动有所增加，有更多企业参与到电子商务中来。

表3-2 2015—2021年中国有电子商务交易活动的企业数比重 （单位：%）

企业数比重＼年份	2015	2016	2017	2018	2019	2020	2021
有电子商务交易活动的企业数比重	9.6	10.9	9.5	10	10.5	11.1	11.2
采矿业有电子商务交易活动的企业数比重	2.2	3.2	2.7	3.1	3.3	3.7	3.5
制造业有电子商务交易活动的企业数比重	10.2	11.3	9.7	10.1	10.2	10.7	10.7

续表

企业数比重＼年份	2015	2016	2017	2018	2019	2020	2021
电力、热力、燃气及水生产和供应业有电子商务交易活动的企业数比重	5.6	8	6.2	6.1	6.1	6.5	6.8
建筑业有电子商务交易活动的企业数比重	4.1	4.8	3.8	3.7	3.7	3.5	3.3
批发和零售业有电子商务交易活动的企业数比重	9	10.8	10.5	12.1	13.6	14.4	14.4
交通运输、仓储和邮政业有电子商务交易活动的企业数比重	5.8	6.8	5.6	6.2	6.1	6.2	6.4
住宿和餐饮业有电子商务交易活动的企业数比重	30.8	32.3	31.2	31.6	32.1	35.5	35.4
信息传输、软件和信息技术服务业有电子商务交易活动的企业数比重	25	27.4	22.7	21.7	21.4	20.8	20.5
房地产业有电子商务交易活动的企业数比重	4.1	5	3.4	3.3	3.1	3.1	3.2
租赁和商务服务业有电子商务交易活动的企业数比重	9.5	10.8	8.3	9.2	9.2	8.6	8.3
科学研究和技术服务业有电子商务交易活动的企业数比重	8.5	9.5	8.1	8.5	8.3	8.3	8.4
水利、环境和公共设施管理业有电子商务交易活动的企业数比重	13.4	16.2	13.4	13.7	13.2	12.6	12.1
居民服务、修理和其他服务业有电子商务交易活动的企业数比重	7.6	8.9	7.7	8	8.1	7.9	8
教育有电子商务交易活动的企业数比重	6.3	7.3	6.1	6.9	7.5	8.1	8.6

续表

企业数比重＼年份	2015	2016	2017	2018	2019	2020	2021
卫生和社会工作有电子商务交易活动的企业数比重	7.8	9.8	6.7	7.3	7.5	8.6	9
文化、体育和娱乐业有电子商务交易活动的企业数比重	25.3	26.8	20.3	20.9	20.5	20.3	19.5

我国电子商务呈现高速发展态势。由表3-3可以看出，2015年我国电子商务销售额为91724.2亿元，2021年我国电子商务销售额达到227611.3亿元，同比增长148.15%。2015年我国电子商务销售额排名前五的行业分为制造业；批发和零售业；信息传输、软件和信息技术服务业；交通运输、仓储和邮政业；租赁和商务服务业，其对应金额分别为38715万亿元、37859万亿元、7829.6万亿元、3275万亿元、2345.4万亿元。到2021年我国电子商务销售额排名前五的行业分为批发零售业；制造业；信息传输、软件和信息技术服务业；交通运输、仓储和邮政业；租赁和商务服务业，其对应金额分别为115344万亿元、71267.7万亿元、18604.5万亿元、9421.9万亿元、5667.5万亿元。可以发现虽然在2015—2021年我国电子商务销售额排名前五的行业没有发展变化，但排名前五的行业中单个行业的排名有所变化，批发和零售业的电子商务销售额由2015年排名第二变化为2021年的排名第一，2021年批发和零售业的电子商务销售额较2015年同比增长204.67%。

表3-3 2015—2021年中国各行业电子商务销售额 （单位：亿元）

销售额＼年份	2015	2016	2017	2018	2019	2020	2021
电子商务销售额	91724.2	107321.8	130480.7	152424.5	169325.9	189334.7	227611.3
采矿业电子商务销售额	191.4	687.8	878.6	1984.2	601.4	552.4	843.3
制造业电子商务销售额	38715	41682	50114.7	55925.8	56339.8	60164.3	71267.7
电力、热力、燃气及水生产和供应业电子商务销售额	73.9	277.3	2471.7	2739.6	1645.7	1456.1	1799.7

续表

年份＼销售额	2015	2016	2017	2018	2019	2020	2021
建筑业电子商务销售额	86.5	61.6	117.9	156.1	186.1	185.6	208.7
批发和零售业电子商务销售额	37859	44035.7	56264.5	68984.7	84183.4	97859.2	115344
交通运输、仓储和邮政业电子商务销售额	3275	3844	4440.3	5227.2	7294.3	6524.3	9421.9
住宿和餐饮业电子商务销售额	436.7	482.3	697.9	881.2	1168.7	1430	1894.5
信息传输、软件和信息技术服务业电子商务销售额	7829.6	11274.6	10215.9	11164.9	11465.6	14698.8	18604.5
房地产业电子商务销售额	73.1	96	39.3	249.6	394.5	390.3	370.6
租赁和商务服务业电子商务销售额	2345.4	3862.8	4040.5	4294.1	4860.6	4467.8	5667.5
科学研究和技术服务业电子商务销售额	559.3	650.1	727.1	236.5	273.7	298.6	665.7
水利、环境和公共设施管理业电子商务销售额	36.3	43.2	47.1	58.5	74.1	52.6	72.9
居民服务、修理和其他服务业电子商务销售额	15.8	14.5	84.4	47.3	84.6	90.1	122.1
教育电子商务销售额	20.8	29.7	69.1	133.3	330.5	812.8	800.4
卫生和社会工作电子商务销售额	3.8	2.9	8	8.6	18.4	32.5	45.2
文化、体育和娱乐业电子商务销售额	202.7	277.5	263.6	332.9	404.5	319.3	482.5

三、数字化投入不断攀升

我国企业拥有网站数量不断增加。2015—2021年我国数字化投入不断攀升。具体可以体现为我国企业拥有网站数量不断增加、每百人使用计算机数量不断增加。见表3-4，2015年我国企业拥有网站数523340个。2015—2021年，我国企业拥有网站数呈波动上升趋势，到2021年我国企业拥有网站数已达到597659个，较2015年同比增长14.2%。在这期间，制造业企业拥有网站数一直保持着第一名的领先地位。

表3-4 2015—2021年中国各行业企业拥有网站数以及企业拥有网站总数

（单位：个）

网站数＼年份	2015	2016	2017	2018	2019	2020	2021
企业拥有网站数	523340	532292	541127	527843	534190	553466	597659
采矿业企业拥有网站数	5391	4764	4178	3652	3252	3204	3257
制造业企业拥有网站数	244148	240312	236903	232554	230533	237152	255406
电力、热力、燃气及水生产和供应业企业拥有网站数	5607	5719	5991	6190	6601	7257	7853
建筑业企业拥有网站数	40274	41504	44033	44253	43829	45149	48450
批发和零售业企业拥有网站数	83828	87406	88737	85225	88827	96426	106466
交通运输、仓储和邮政业企业拥有网站数	16347	17130	17825	16884	15966	16008	16674
住宿和餐饮业企业拥有网站数	22563	22448	21634	20113	19466	19931	21389
信息传输、软件和信息技术服务业企业拥有网站数	15474	17360	20601	21092	25870	23500	27324
房地产业企业拥有网站数	41277	42466	43281	42021	41199	42945	44524
租赁和商务服务业企业拥有网站数	19370	20833	21691	19843	21704	23113	24727

续表

年份 网站数	2015	2016	2017	2018	2019	2020	2021
科学研究和技术服务业企业拥有网站数	12882	14023	15183	14957	16288	17420	19152
水利、环境和公共设施管理业企业拥有网站数	2708	2946	3273	3193	2938	2795	2883
居民服务、修理和其他服务业企业拥有网站数	2553	2880	3177	2866	2834	3071	3371
教育企业拥有网站数	2895	3265	3701	3814	3659	3809	3794
卫生和社会工作企业拥有网站数	3446	3921	4475	4738	4734	4964	5267
文化、体育和娱乐业企业拥有网站数	4577	5315	6244	6448	6490	6722	7122

我国每百人使用计算机的台数持续增长。表3-5展示了我国2015—2021年每百人使用计算机数，其间每百人使用计算机的台数持续稳定增长，其中信息传输、软件和信息技术服务业成为每百人使用计算机台数最多的行业，五年来稳居榜首。

表3-5　2015—2021年中国各行业每百人使用计算机数　（单位：台）

年份 计算机数	2015	2016	2017	2018	2019	2020	2021
每百人使用计算机数	23	25	26	29	32	34	36
采矿业每百人使用计算机数	17	19	20	23	25	26	27
制造业每百人使用计算机数	19	20	22	25	28	30	31
电力、热力、燃气及水生产和供应业每百人使用计算机数	61	61	58	61	68	69	71
建筑业每百人使用计算机数	8	8	9	9	10	12	13
批发和零售业每百人使用计算机数	43	45	47	50	53	56	58

续表

年份 计算机数	2015	2016	2017	2018	2019	2020	2021
交通运输、仓储和邮政业每百人使用计算机数	27	29	30	33	36	38	40
住宿和餐饮业每百人使用计算机数	23	23	23	23	24	26	25
信息传输、软件和信息技术服务业每百人使用计算机数	128	130	128	132	131	134	130
房地产业每百人使用计算机数	38	37	38	38	40	40	40
租赁和商务服务业每百人使用计算机数	35	36	33	30	28	27	26
科学研究和技术服务业每百人使用计算机数	72	76	79	82	86	87	89
水利、环境和公共设施管理业每百人使用计算机数	19	19	19	18	17	15	15
居民服务、修理和其他服务业每百人使用计算机数	14	14	14	15	14	14	14
教育每百人使用计算机数（台）	93	91	93	102	108	108	106
卫生和社会工作每百人使用计算机数	47	49	51	55	57	60	61
文化、体育和娱乐业每百人使用计算机数	65	65	61	63	67	73	70

第二节 对外贸易发展典型事实

一、我国对外贸易的整体情况

我国货物贸易进出口总额稳步增长。见图3－8，2010年，在中国对外贸易业务中，货物进出口总额达到了201722.3亿元（折合为29740.0亿美元）。

其中，货物出口总额为107022.8亿元（折合为29740.0美元）；货物进口总额为94699.5亿元（折合为13962.5亿美元）；货物贸易顺差为12323.3亿元（折合为1815.1亿美元）。到2019年，中国对外贸易货物进出口总额达到315627.3亿元（折合为45778.9亿美元）。其中，货物进口总额为172373.6亿元（折合24994.8亿美元）；货物出口总额为143253.7亿元（折合20784.1亿美元）；货物贸易顺差为29119.9亿元（折合4210.7亿美元）。

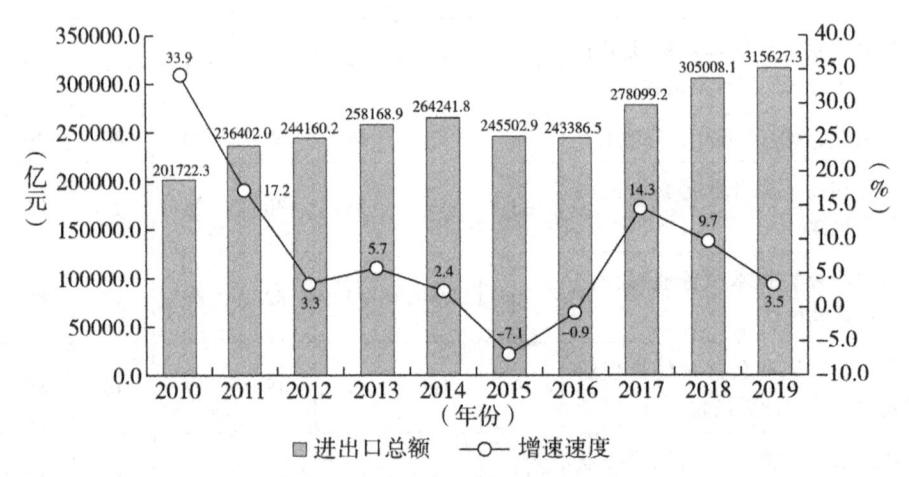

图3-8　2010—2019年中国货物贸易进出口总额及增长率变化情况

2010—2019年，中国对外贸易活动中，货物进出口业务稳步增长。名义价格进出口总额年均增速为5.1%。其中，货物进口总额年均增速为5.4%，出口年均增速为4.7%，贸易顺差年均增速为10%。从增长速度可以看出，与前面三个阶段比较，最近10年期间中国对外贸易增速大幅放缓，主要有两个原因：一是随着中国对外贸易规模不断壮大，货物贸易规模基数增大，从而引起增速下降；二是由于前些年中国主动调整国内经济结构，采取"三去一降一补"等策略（即"去产能""去库存""去杠杆"，降成本，补"短板"，等等），实现经济结构的战略性调整，对外贸易在增加规模的同时，更加注重质量提升，更加注重高质量发展等。所以，正是这些因素，最近10年期间中国对外贸易增长速度出现大幅度下降。

在图3-8中，2015年、2016年两个年份，中国对外贸易活动中，货物贸易进出口总额出现了负增长，同比增速分别为-7.1%和-0.9%。其余年份均为正增长，但是整个10年期间，贸易增长速度起伏较大，波动不断。对产生这种波动的原因进行考察，发现主要是在进入党的十八大以来，中国政府经济高质量发展作出了重大战略部署，并采取了很多切实可行的举措。同时，出口贸易高质量发展是中国经济高质量发展的重要组成部分之一，外贸的高质量发展与高速度增长之间存在一定平衡，特别是在短期内，外贸的高质量发展往往以牺牲高速度为前提，所以在最近10年期间，中国对外贸易活动中，货物进出口总额增长速度出现反复波动就显得十分正常。

在考察对外贸易进出口总额变化情况后，将对外贸易活动的顺差进行分析。在这里，把货物贸易进出口总额、出口总额、进口总额及差额等进行比较，见表3-6。自从2010年以来，中国货物贸易一直是顺差，10年期间，累计吸收了22.8万亿元贸易顺差，平均每年贸易顺差额度为2.28万亿元。其中，贸易顺差最大的年份是2015年，顺差额度为3.68万亿元；贸易顺差额度最小的是2011年，贸易额度为1万亿元。同时，与最初年份2010年相互比较，2019年中国对外贸易进出口总额增加了0.6倍，年均增速为5.1%。在货物贸易出口方面，出口总额增长了0.6倍，年均增速为5.4%；在货物贸易进口总额方面，其规模增长了0.5倍，年均增长速度为4.7%。从货物贸易顺差来看，10年期间增长了1.4倍，年均增长速度为10%。

表3-6 2010—2019年中国对外贸易情况　　（单位：亿元）

年份	进出口总额	出口总额	进口总额	差额
2010	201722.3	107022.8	94699.5	12323.3
2011	236402.0	123240.6	113161.4	10079.2
2012	244160.2	129359.3	114801.0	14558.3
2013	258168.9	137131.4	121037.5	16094.0
2014	264241.8	143883.8	120358.0	23525.7
2015	245502.9	141166.8	104336.1	36830.7
2016	243386.5	138419.3	104967.2	33452.1
2017	278099.2	153309.4	124789.8	28519.6
2018	305008.1	164127.8	140880.3	23247.5
2019	315627.3	172373.6	143253.7	29119.9
2010—2019年增长倍数	0.6	0.6	0.5	1.4
年均增长速度（%）	5.1	5.4	4.7	10.0

接下来，使用柱状图将 2010—2019 年中国对外贸易顺差情况表示出来，见图 3-9，2010—2019 年，中国货物贸易一直保持顺差。

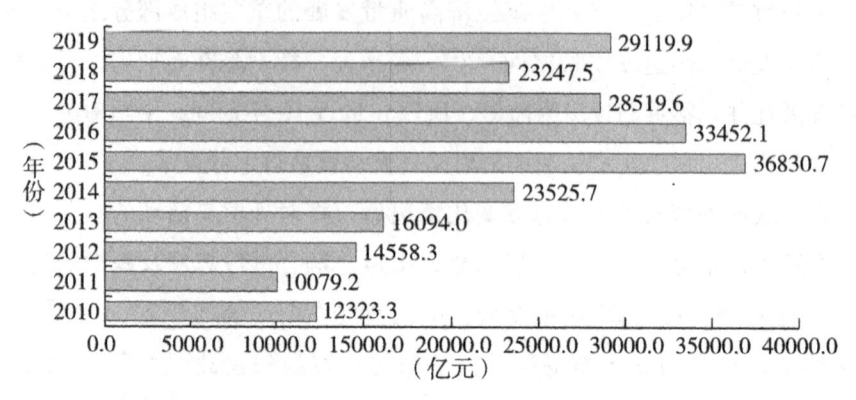

图 3-9 2010—2019 年中国货物贸易顺差变化情况

考虑到汇率变化，同样将汇率对中国对外贸易的影响进行分析，以便更加全面把握中国对外贸易发展水平情况。汇率外币选择方面，同样使用美元来计价。下面，将以美元计价的中国对外贸易情况展示在表 3-7 里面，具体如下。

表 3-7　2010—2019 年中国对外贸易情况　　（单位：亿美元）

年份	进出口总额	出口总额	进口总额	差额
2010	29740.0	15777.5	13962.5	1815.1
2011	36418.6	18983.8	17434.8	1549.0
2012	38671.2	20487.1	18184.1	2303.1
2013	41589.9	22090.0	19499.9	2590.2
2014	43015.3	23422.9	19592.4	3830.6
2015	39530.3	22734.7	16795.6	5939.0
2016	36855.6	20976.3	15879.3	5097.1
2017	41071.4	22633.5	18437.9	4195.5
2018	46224.2	24866.8	21357.3	3509.5
2019	45778.9	24994.8	20784.1	4210.7
2019—2010 年增长倍数	0.5	0.6	0.5	1.3
年均增长速度（%）	4.9	5.2	4.5	9.8

将表 3-7 与表 3-6 进行对比后，可以发现一个有趣的现象：即以本币人民币计价的中国对外贸易活动情况，与以美元计价的中国对外贸易有关指标，其变化表现出高度趋同性。考察其原因，主要是因为在最近 10 年，美元对人民币汇率十分稳定，没有出现大幅度波动，基本维持在 [6.1428，6.8985] 区间内，变化幅度非常小。所以，以两种货币计价的中国对外贸易指标变化没有明显差异。为了更为显著地观察人民币与美元之间的汇率变化，将其使用图 3-10 呈现出来。从汇率变化来看，在 2014 年和 2015 年这两个年份，美元对人民币汇率出现下跌，也即人民币出现升值、美元贬值等情况。因此，2014 年和 2015 年中国对外贸易出口总额、进口总额出现新的变化，主要表现在这两个年份的进口和出口均出现一致下降。

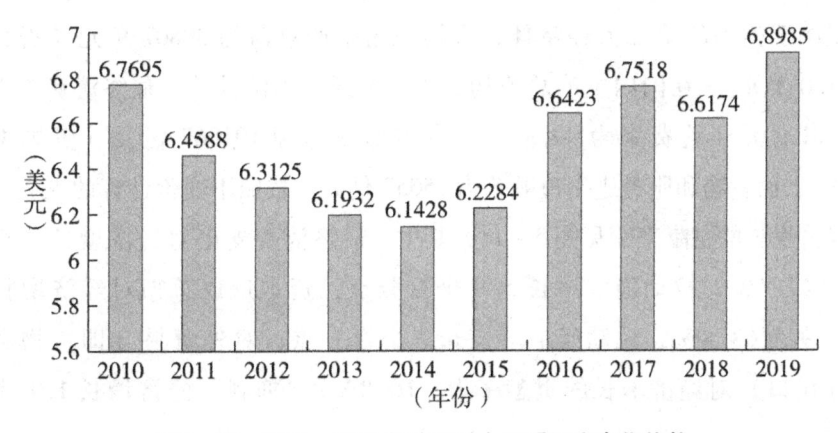

图 3-10　2010—2019 年美元对人民币汇率变化趋势

正是因为汇率的变化，特别是在 2014 年和 2015 年人民币对美元出现升值，从而引起中国出口业务减少，引起货物出口总额下降，见图 3-10。同时，按照汇率变化，人民币出现升值后，进口应当增加，但是，实际上进口总额并没有增加，而是随着进口下降而减少。因为中国很多进口是为出口服务的，只要出口减少，进口也会减少，进口业务与汇率的变化关系不是很大。所以，中国对外贸易活动中，受汇率影响最大的是出口业务。

二、我国对外贸易的经济贡献率

我国对外贸易对经济增长的贡献率整体上升。2010 年，中国国内生产总值名义价值为 412119 亿元（折合为 60879 亿美元），首次超过日本，成为世

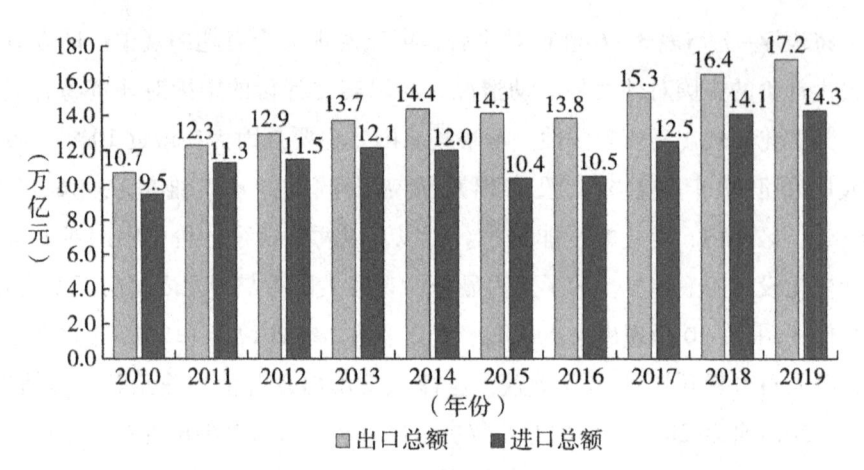

图 3-11 2010—2019 年中国进口、出口变化情况

界仅次于美国的第二大经济体，人均国内生产总值为 30807.9 元（折合为 4551.0 美元）。在国内生产总值构成中，按照支出法计算，最终消费支出为 201581 亿元（消费率为 49.3%），资本形成总额 191867 亿元（资本率为 47%），而货物和服务进出口顺差为 15057 亿元。按照不变价计算的三大支出对经济增长的贡献率，见图 3-11，其中，最终消费支出对经济增长的贡献率为 47.4%，拉动经济增长 5.0 个百分点；资本形成总额对经济增长的贡献率为 63.4%，拉动经济增长 6.7 个百分点；对外贸易（即货物和服务净出口）对经济增长的贡献率为 -10.8%，"抑制"经济增长 1.1 个百分点。

到 2019 年，最终消费支出对经济增长的贡献率上升到 57.8%，提高了 10.3 个百分点；对经济增长的拉动为 3.5 个百分点，下降了 1.5 个百分点。资本形成额对经济增长的贡献率出现了大幅度下降，最近 10 年期间已经下降到了 31.2%，下降了 32.1 个百分点；对经济增长的拉动为 1.9 个百分点，下降了 4.8 个百分点。就对外贸易来讲，其对经济增长的贡献率得到了大幅度提升，从 2010 年的 -10.8% 提高到了 2019 年的 11.0%，上升了 21.8 个百分点；对经济增长的拉动为 0.7 个百分点，上升了 1.8 个百分点。从平均贡献率来看，10 年期间对经济增长做出贡献最大的是消费支出，平均贡献率为 59.2%；其次是资本形成总额，对平均贡献率为 42.3%；而货物和服务净出口，对经济增长的贡献率为 -1.4%。

表 3-8　2010—2019 年中国消费、资本、进出口净额对经济增长的贡献率

年份	最终消费支出 贡献率（%）	最终消费支出 拉动（百分点）	资本形成总额 贡献率（%）	资本形成总额 拉动（百分点）	货物和服务净出口 贡献率（%）	货物和服务净出口 拉动（百分点）
2010	47.4	5.0	63.4	6.7	-10.8	-1.1
2011	65.7	6.3	41.1	3.9	-6.8	-0.6
2012	55.4	4.4	42.1	3.3	2.5	0.2
2013	50.2	3.9	53.1	4.1	-3.3	-0.3
2014	56.3	4.2	45.0	3.3	-1.3	-0.1
2015	69.0	4.9	22.6	1.6	8.4	0.6
2016	66.5	4.6	45.0	3.1	-11.6	-0.8
2017	57.5	4.0	37.7	2.6	4.8	0.3
2018	65.9	4.4	41.5	2.8	-7.4	-0.5
2019	57.8	3.5	31.2	1.9	11.0	0.7
平均值	59.2	4.5	42.3	3.3	-1.4	-0.2

为反映经济增长与对外贸易之间的关系，使用对外贸易依存度来进行刻画。在使用对外贸易依存度方面，同样使用进出口总额占地区生产总值（GDP）的比例来反映对外贸易对经济增长的贡献程度，见表 3-9，在 2010 年，中国货物对外贸易进出口总额占国内生产总值比例达到了 48.95%，这充分说明我国经济增长高度依赖对外贸易。随后，对外贸易依存度逐年下降，到 2019 年，中国对外贸易依存度下降到了 31.85%，10 年期间下降了 17.1 个百分点。这充分说明，中国经济增长方式正在发生转变，从高度依赖外贸的经济开始向主要依靠内需来驱动经济增长的方式。特别是到 2019 年年底，中国对外贸易依存度已经达到了低点，下降到了 31.85%。

表 3-9　2010—2019 年中国对外贸易依存度计算结果

年份	GDP（当年价）（亿元）	进出口总额（亿元）	对外贸易依存度（%）
2010	412119.3	201722.3	48.95
2011	487940.2	236402.0	48.45
2012	538580.0	244160.2	45.33

续表

年份	GDP（当年价）（亿元）	进出口总额（亿元）	对外贸易依存度（%）
2013	592963.2	258168.9	43.54
2014	643563.1	264241.8	41.06
2015	688858.2	245502.9	35.64
2016	746395.1	243386.5	32.61
2017	832035.9	278099.2	33.42
2018	919281.1	305008.1	33.18
2019	990865.1	315627.3	31.85

为了更为清楚地表达最近10年期间中国经济外贸依存度的变化趋势，使用折线图进行表示，见图3-12。中国对外贸易依存度不断下降，中国经济增长方式从高度依赖外贸的方式逐步向主要依靠内需来驱动经济增长的方式。

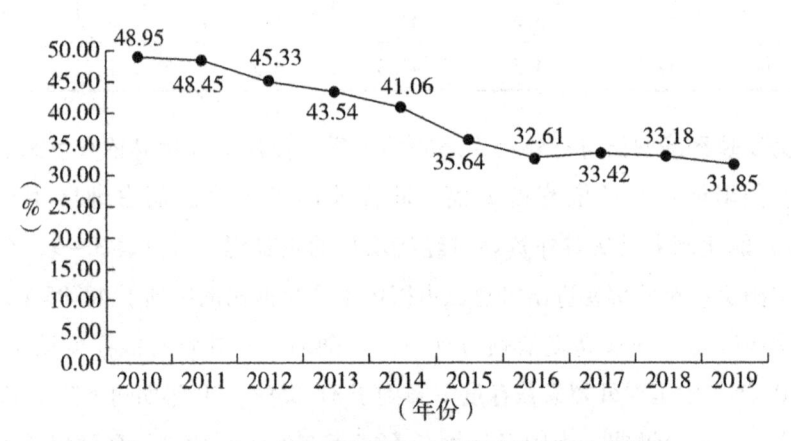

图3-12 2010—2019年中国对外贸易依存度变化情况

三、我国对外贸易的质量特征

我国对外贸易的质量特征主要从两个层面来反映：一是按照贸易方式进行分析，将一般贸易、加工贸易以及其他贸易等结构进行分析，以反映贸易质量的变化。二是按照国际分类标准，从初级产品、工业制成品等角度分析贸易结构，从而反映这一阶段的贸易质量。首先，本书将一般贸易、加工贸易和其他贸易的进出口总额整理出来，见表3-10。

表3-10　2010—2019年中国对外贸易各项目占进出口总额

（单位：亿美元）

年份	一般贸易 出口	一般贸易 进口	一般贸易 小计	加工贸易 出口	加工贸易 进口	加工贸易 小计	其他贸易 出口	其他贸易 进口	其他贸易 小计
2010	7206.1	7692.8	14898.9	7402.8	4174.8	11577.6	1168.6	2094.9	3263.5
2011	9170.3	10076.2	19246.6	8352.8	4697.6	13050.4	1460.6	2661.1	4121.7
2012	9879.0	10223.9	20102.9	8626.8	4812.8	13439.5	1981.4	3147.4	5128.8
2013	10873.3	11098.6	21971.9	8600.4	4966.6	13567.0	2616.4	3434.7	6051.1
2014	12033.9	11089.4	23123.3	8842.2	5240.9	14083.0	2546.8	3262.1	5808.9
2015	12147.9	9224.0	21371.9	7975.3	4466.1	12441.4	2611.5	3105.5	5717.0
2016	11313.7	9006.4	20320.1	7153.3	3964.4	11117.7	2509.5	2908.5	5417.8
2017	12300.2	10853.7	23153.9	7587.7	4312.8	11900.5	2745.8	3271.5	6017.3
2018	14004.1	12741.2	26745.3	7970.4	4700.8	12671.3	2892.3	3915.3	6807.6
2019	14444.1	12577.7	27021.8	7354.4	4172.9	11527.3	3106.1	4033.4	7139.8

其次，本书计算出一般贸易、加工贸易和其他贸易占进出口总额的比重，通过分析比重的变化来进一步研究贸易质量的变化情况，见表3-11。与2010年相比较，2019年一般贸易进出口总额占比提高了约9个百分点，从50.1%提高到了59%；其他贸易进出口占比也相应得到提升，从2010年的11%提高到了15.6%。但是，加工贸易进出口占比则出现了下降，从2010年的38.9%下降到了2019年的25.2%，下降了13.7个百分点。

表3-11　中国对外贸易各项目占进出口总额比例情况　（单位:%）

年份	一般贸易进出口占比	加工贸易进出口占比	其他贸易进出口占比
2010	50.1	38.9	11.0
2011	52.8	35.8	11.3
2012	52.0	34.8	13.3
2013	52.8	32.6	14.5
2014	53.8	32.7	13.5
2015	54.1	31.5	14.5
2016	55.1	30.2	14.7

续表

年份	一般贸易进出口占比	加工贸易进出口占比	其他贸易进出口占比
2017	56.4	29.0	14.7
2018	57.9	27.4	14.7
2019	59.0	25.2	15.6

为更为全面直观地分析最近10年期间一般贸易、加工贸易和其他贸易的结构变化情况，将这三类贸易每一年的结构变化绘制成条形图，具体见图3-13。一般贸易所占比例逐年处于上升趋势，2010—2019年，提高了8.9个百分点。加工贸易所占比例则出现逐年下降态势，其他贸易逐年小幅度上升。从这些变化可以看出，中国对外贸易的质量发生了显著改进，因为一般贸易主要是指在中国境内，获得进出口经营权的企业，从事进出口业务的货物。而加工贸易，主要是指由外方提供部分或全部原材料、器件、零部件等，由中国企业加工形成商品后，再交给外方，中方只是收取加工费用。因此，一般贸易的比例增加，说明2010—2019年中国贸易质量在不断提升。

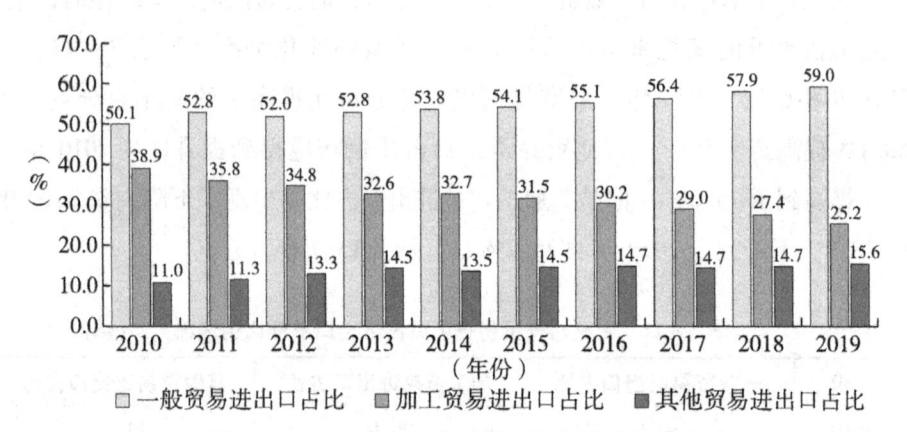

图3-13 2010—2019年中国对外贸易结构变化

最后，本书从贸易产品类型视角来考察2010—2019年中国出口贸易质量变化情况。按照国际标准，国际贸易中用于出口的产品主要有初级产品、工业制成品两种类型。因此，本书将贸易产品分为初级产品和工业制成品，并计算出初级产品和工业制成品占进出口总额的比重，见表3-12。2010—2019年，中国对外贸易业务中，2010年初级产品的出口比例为17.3%，到2019年上升到

18.9%，10 年期间上升了 1.6 个百分点。而工业制成品占比从 81.5% 下降到 81.1%，下降了 0.6 个百分点。相互比较来看，在最近 10 年期间，中国贸易产品结构中，初级产品与工业制成品变化不大，几乎都是处于一种稳定状态。因此，可以得出这样的结论，与以前 30 年相比较，最近 10 年期间，中国对外贸易的质量基本上处于一种比较稳定的状态，没有出现大起大落的现象。

表 3-12　2010—2019 年中国对外贸易结构变化情况　（单位：亿元）

年份	初级产品 出口	初级产品 进口	初级产品 小计	工业制成品 出口	工业制成品 进口	工业制成品 小计	比例（%）初级产品	比例（%）工业制成品
2010	816.9	4338.5	5155.4	14960.7	9263.9	24224.6	17.3	81.5
2011	1005.5	6042.7	7048.1	17978.4	11392.2	29370.5	19.4	80.6
2012	1005.6	6349.3	7354.9	19481.6	11834.7	31316.3	19.0	81.0
2013	1072.7	6580.8	7653.5	21017.4	12919.1	33936.5	18.4	81.6
2014	1126.9	6469.4	7596.3	22296.0	13123.0	35419.0	17.7	82.3
2015	1039.3	4720.6	5759.8	21695.4	12075.1	33770.5	14.6	85.4
2016	1051.9	4410.6	5462.4	19924.4	11468.7	31393.2	14.8	85.2
2017	1177.3	5796.4	6973.7	21456.4	12641.6	34097.9	17.0	83.0
2018	1349.9	7017.4	8367.4	23516.9	14339.9	37856.8	18.1	81.9
2019	1339.7	7299.5	8639.2	23655.1	13484.6	37139.7	18.9	81.1

通过分析我国对外贸易的整体情况、我国对外贸易的经济贡献率和我国对外贸易的质量特征，可以看出，我国对外贸易的规模在持续扩大，特别是 2018 年以来，我国进出口总额已经连续两年超过 30 万亿元。最近 10 年期间，虽然对外贸易规模在不断扩大，但是我国对外贸易的依存度在不断下降，到 2019 年对外贸易依存度已经下降到 30% 左右。这充分表明，我国经济增长从主要依靠出口带动向主要依靠国内投资和消费转变。同时，贸易质量没有出现大起大落的情况，一直维持在比较稳定的阶段。

第三节　本章小结

本章分别从数字经济和对外贸易发展两方面寻找典型事实，为数字经济的发展与对外贸易的发展提供现实支撑，为后面章节的深入研究提供铺垫。

第四章

数字经济影响出口企业高质量发展的理论分析

数字经济对出口产生了深远的影响,涉及多个经济理论的范畴。根据生产力理论,通过自动化和智能制造提升生产效率,降低成本;市场进入理论强调跨境电商平台和大数据分析的应用,帮助企业精准定位海外市场和消费者需求;创新扩散理论指出,数字技术促进企业研发投入和技术创新,开发出高附加值产品;竞争优势理论则强调数字营销和品牌建设提升国际竞争力;商业模式创新理论显示,数字经济催生的新型商业模式如共享经济和平台经济,为企业创造新的利润增长点;风险管理理论表明,数字工具在风险预测与防范以及合规管理方面的重要作用。这些理论共同解释了数字经济如何通过多方面的优化,助力出口企业实现高质量发展。

第一节 数字经济与贸易理论的内在逻辑

在数字经济时代,随着经济全球化和数字技术的不断深化,世界各国生产力水平持续提高,国际贸易范围不断扩大,国际贸易理论也随之得到创新、发展和延伸。

一、数字经济丰富了经典贸易理论

近年来,在数字技术的驱动下,数字经济实现了高速发展,深刻影响着人类的生产和生活方式。凭借创新性、融合性、平台性、普惠性和连接性等特征,数字经济不断丰富着经典贸易理论,推动经济增长。

比较优势理论最早是由大卫·李嘉图在其代表作《政治经济学及赋税原理》中提出的。比较优势理论认为,国际贸易的基础是生产技术的相对差别(而非绝对差别),以及由此产生的相对成本的差别。每个国家都应根据"两利相权取其重,两弊相权取其轻"的原则,集中生产并出口其具有"比较优势"的产品,进口其具有"比较劣势"的产品,进而获得专业化分工提高劳动生产率的好处。比较优势贸易理论在更普遍的基础上解释了贸易产生的基础和贸易利得,大大发展了绝对优势贸易理论。比较优势理论的假设条件有:两个国家、两种产品或两种要素;国家之间存在某种特征差异;各国的比较利益的静态不变的,不存在规模经济;自由贸易是在完全竞争的市场结构下进行的,以物物交换为形式;生产要素在一国国内可以自由流动,在两国间则不能流动;不存在技术进步,资本积累和经济发展。各国具有"比较优势"的产品主要是通过生产效率来衡量,而数字经济能够通过影响成本和组织形式来影响生产效率,因此数字经济能够和比较优势理论有效契合。马述忠(2018)也指出国家间技术水平的相对差异产生了相对成本的差异。因此,国家应当用一部分自己生产的具有相对优势的产品来换取具有相对劣势的产品。

要素禀赋理论亦称"赫克歇尔-俄林理论""H-O理论",是由瑞典经济学家俄林在瑞典经济学家赫克歇尔的研究基础上形成,并在1933年出版的《地区间贸易与国际贸易》一书中提出。要素禀赋理论认为各国间要素禀赋的相对差异以及生产各种商品时利用这些要素强度的差异是国际贸易的基础,并强调生产商品需要不同的生产要素,如资本、土地等,而不仅仅是劳动力;不同的商品生产需要不同的生产要素配置。因此,要素禀赋理论认为一国应该出口由本国相对充裕的生产要素所生产的产品,进口由本国相对稀缺的生产要素所生产的产品,而且,随着国际贸易的发展,各国生产要素的价格将趋于均等。在数字经济时代,数据本身已然成为一种生产要素(D),与劳动力（L）、资本（K）、自然资源（R）等一并影响产出。同时，借助数字技术和平台经济，企业的要素采购成本降低，资源配置效率得到优化提升。

新贸易理论是指20世纪80年代初以来，以保罗·克鲁格曼（Paul Krugman）为代表的一批经济学家提出的一系列关于国际贸易的原因，国际分工的决定因素，贸易保护主义的效果以及最优贸易政策的思想和观点。逐步发展成为以规模经济和非完全竞争市场为两大支柱的完整的经济理论体系。关于贸易发生的原因，新贸易理论从供给角度认为在不完全竞争市场结构下，规模经济是引起专业化与国际贸易的重要原因。即使各国的偏好、技术和要素禀赋都一致的情况下，也会产生差异产品之间的产业内贸易，并且国家间的差异越大，产业间的贸易量就越大，而国家间越相似，产业内的贸易量就越大。新贸易理论以利润转移论和外部经济理论为基础，新贸易理论提出了战略性贸易政策理论，即应当对本国经济有重要促进作用的战略性产业进行扶持补贴。如日本在20世纪80年代中期从美国手中夺得半导体产业的控制权，就是战略性政策使用的结果。新贸易理论认为贸易利益不仅来自比较优势，还来自规模经济性、增加了不完全竞争产业的竞争程度、增加了产品的差异性等。同时，新贸易理论指出，尽管存在着潜在贸易得益，但不完全竞争市场同时也产生了风险，使一国经济有可能不仅无法利用潜在的贸易得益而且实际上遭受损失。数字经济缓解了市场信息不对称，信息搜寻—匹配效率更高，更加迎合消费者的偏好。且开辟的新市场带来新的需求，扩大了消费行为中的网络外部性。数字经济完善了企业专业化生产和劳动分工，由此产生规模经济和范围经济（陈明明，2021）。贸易过程中互联网优势的提升及产品质量的改善可成为影响本地市场效应形成与扩大的重要因素（张奕芳，2019）。

新新贸易理论是指有关于异质企业模型和企业内生边界模型的理论，更多是从企业层面来解释国际贸易和国际投资现象，将研究单位从产业层面进一步细化到企业层面，从而开拓了国际贸易理论和实证研究的前沿（Baldwin，2005）。从研究的范围来看，传统贸易理论主要研究产业间贸易，新贸易理论主要研究在规模递增和不完全竞争条件下的产业内贸易，而新新贸易理论则是从企业的异质性层面来解释国际贸易和投资现象。新新国际贸易理论主要有两个模型，一是以Melitz为代表的学者提出的异质企业贸易模型，Melitz

(2003) 的研究结果显示贸易能够引发生产率较高的企业进入出口市场，而生产率较低的企业只能继续为本土市场生产甚至退出市场，国际贸易进一步推动资源重新配置，并流向生产率较高的企业。二是以 Antras 为代表的学者提出的企业内生边界模型，Antras（2003）揭示了两种公司内贸易的类型，在产业面板数据分析中，公司内进口占美国进口总额的比重非常高，而出口产业的资本密集度更高；在国家截面数据分析中，公司内进口占美国进口总额的比重非常高，出口国家的资本劳动比例更高。异质企业贸易模型说明同产业的不同企业在是否出口问题上的选择。企业内生边界模型说明一个企业在资源配置的方式上的选择。数字技术的应用能够从企业层面提高企业生产效率、降低贸易成本、解决市场供求错配问题，特别是为中小规模企业降低了市场准入门槛，推动国家贸易的普惠化。从贸易增长的二元边际看，在集约边际方面，数字经济助力出口企业将原来已输出的产品继续输出到原来的市场；在扩展边际方面，数字经济促进出口企业产品种类的丰富性和多样性，扩大出口产品范围，有利于企业开辟"旧产品—新市场"和"新产品—新市场"。

此外，Freund and Weinhold（2002、2004）、潘申彪（2017）、鞠雪楠（2020）等学者将互联网、信息技术、网络发展水平等变量纳入经典贸易理论模型中进行分析和研究，探究数字经济对国际贸易带来的影响，进一步丰富了经典贸易理论。见图 4-1，数字经济丰富了经典国际贸易理论，同时也赋能与变革了国际贸易形态，催生了数字贸易新业态，推动出口企业高质量发展。

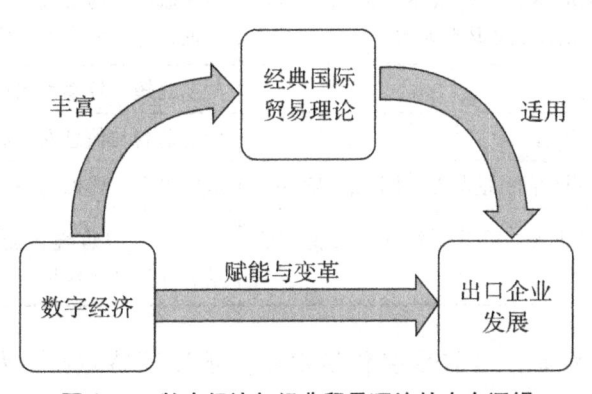

图 4-1 数字经济与经典贸易理论的内在逻辑

二、数字技术催生了数字贸易新业态

随着互联网、大数据、人工智能等数字技术的蓬勃发展和广泛普及，全球贸易形态和贸易格局也在发生深刻变革。数字技术的发展催生了数字经济、数字贸易新业态。数字经济凭借自身平台性、创新性、普惠性和连接性，在贸易及产品的生产、分配、流通、消费等各个环节，不断提升贸易效率、降低运行成本、推动组织创新，促进出口企业贸易高质量发展。数字贸易蓬勃兴起，已然成为推动全球经济增长的新引擎、新动力。

数字贸易作为新型贸易业态，是传统贸易在数字时代的拓展和延伸。数字贸易发展进一步优化全球资源配置，促进形成更高效、更细化、更精准的全球化分工。数字贸易在典型特征、贸易方式、贸易内容和面临的主要政策问题等方面与传统贸易存在较大差异（Gonalez & Jouanjean，2017；中国信通院，2019），具体差异见表4-1。

表4-1 传统环境与数字经济下的文化产品出口贸易对比

类别	传统环境下出口企业贸易	数字经济下出口企业贸易
贸易方式	固定交易场所，面对面实体交易	电子商务、社交媒体等数字平台
贸易主体	企业、中间商、消费者	企业、电子平台、消费者
贸易对象	最终品、中间产品和服务、生产要素	基于数字化平台的货物和贸易、数字产品和服务、数字知识和信息
支付方式	实物交付	实物交付、数字交付
贸易成本	运输成本、沟通成本、信息成本较高，沉没成本风险较高	运输成本、沟通成本、信息成本大幅降低，生产成本也有所降低
贸易效率	周期长	周期缩短，效率大幅提高
监管	贸易监管	贸易监管与信息安全监管，更加严格
贸易中介	传统代理商、批发商、零售商、贸易商	数字平台、虚拟网络
贸易政策	市场准入、贸易便利化、关税和非关税壁垒	市场准入型边境措施、数据跨境流动、知识产权保护

相较传统贸易，当前数字贸易发展呈现以下特点：①贸易结构改善（Xing，2018），数字技术改变了服务业的不可贸易性，拓展了可贸易产品范

围，推动服务业的全球化发展。②贸易流程缩短，贸易效率显著提高。数字贸易基于数字技术，借助数字平台能够使生产者直接面对基数庞大的消费群，交易过程通过数字化方式完成，突破时空限制，减少中间环节，提高交易效率。③贸易成本更低（Lin，2015），这些成本既包括更低的距离成本、搜寻成本、固定成本、复制成本，也包括平台的网络效应、规模效应还有渠道扁平化带来的成本优势。④进入门槛降低（裴长洪和刘斌，2019），数字贸易降低了贸易进入门槛，赋能中小微企业甚至个人参与国际贸易，推动中小微企业的发展，从而深化全球普惠贸易发展（王晶，2016）。⑤知识和技术的外溢更快、更广。⑥数字鸿沟普遍存在，数字贸易规则发展滞后。

第二节　数字经济影响出口企业高质量发展的理论逻辑

对外贸易（Foreign trade），在奴隶社会和封建社会就开始产生，在资本主义社会得到快速发展，其性质和作用随着不同社会变化而有所不同，是由社会制度决定其性质。对外贸易简称"外贸"，也被称为"外国贸易"，更多地叫它为"进出口贸易"。其定义是指一个国家或地区，同另外一个国家或地区之间，长期从事的商品、技术、劳动服务等成果相互交换的活动。由于是国家或者地区间的相互交换活动，所以对外贸易主要由两个方面的要素构成：一是出口因素，这主要是从商品、技术或劳务供给国来讲的，其所拥有的产品、劳务或技术输出时，通常称之为出口。二是进口因素，这主要是从商品、技术或劳务需求国来讲的，该国从其他国家购买产品、劳务或技术时，通常称之为进口。在前面文献研究中，已经将出口贸易质量的内涵与外延进行了分析，但并未对其进行全面界定。因此，本书在现有研究基础之上，结合高质量发展要求，将出口贸易质量定义为：对外贸易所拥有的主要功能对一个国家或者地区的经济发展所产生的影响程度以及最终效果。总体来说，这种影响主要包括静态和动态两个方面。静态影响主要是通过贸易功能来实现社会福利增加，动态影响主要是通过贸易功能来促进经济发展，进而影响社会发展。本书的研究对象出口企业是指已经从事国际贸易的企业。出口企业高质量发展包含出口产品范围、出口产品质量和绿色化转型三个层面。出口产品范围越大，则意味着出口企业的抗风险能力越强；出口产品质量的提升是衡量每一个出口企业发展水平高低的重要标准；在"双碳"的战略背景下，企业绿色化转型也越来越成为衡量出口企业发展水平的重要指标，因此，本书使用出口产品范围、出口产品质量、经济绿色化转型三个维度刻画出口企业高质量发展水平，以期更全面准确地衡量出口企业高质量发展水平。

《中华人民共和国国民经济和社会发展第十四个五年规划和2035年远景目标纲要》明确指出，要构建更高水平的开放型经济新体制，全面提高对外开放水平，推进贸易和投资自由化便利化，持续深化商品和要素流动型开放，稳步拓展规则、规制、管理、标准等制度型开放。其中，全面提高开放水平成为这一新体制的主要特征之一。开放的环境和生态对数字经济的发展发挥着极为重要的作用，数字创新在开放的环境中才能不断涌现，一是开放互联有利于创新思维的交流共享；二是无论软件还是前沿计算均需要开放的标准相配合，只有开放的标准才能孕育公共底层技术发展。在此背景下，数字经济的发展显得至关重要，跨境电商综合试验区和自由贸易试验区的进一步建设是其重要抓手。自由贸易试验区建设作为中国扩大对外开放的重要举措，是中国在新时代顺应全球政治经济发展的新趋势，搭建全面开放的新平台、形成制度创新新高地以及引领高质量发展新载体的一项重要战略举措。目前，中国逐步完善自由贸易试验区的布局，构建了"东西南北中"全面覆盖的创新开放格局，在贸易与投资自由便利化领域的探索取得了显著成效。2015年3月，全国首个跨境电商综合试验区中国（杭州）跨境电子商务综合试验区设立，杭州综合试验区形成的成功经验得以在全国范围内复制推广，截至目前全国共设立了132个跨境电商综合试验区。

当前，数字经济为世界经济发展增添新动能，各主要国家数字经济加速发展。见图4-2的理论分析框架，在现有文献的研究基础之上，本书着重研究数字经济对出口企业高质量发展的影响，分别选取互联网、电子商务、数字化投入三个指标来反映数字经济的发展变化，分别选取出口产品范围、出口产品质量与经济绿色化转型来衡量出口企业高质量发展的变化，分别从微观层面探究了互联网对企业出口产品范围的影响和电子商务对于企业出口产品质量的影响以及从宏观层面分析了数字化投入对经济绿色化转型的影响。本书以从事出口贸易的企业为研究对象,聚焦于数字经济推动出口企业高质量发展问题,从宏观、微观两个方面分析数字经济对出口企业高质量发展的影响。本书将研究重点放在产业数字化方面,探究数字经济对现有出口企业高质量发展的影响。互联网、电子商务和数字化投入是出口企业实现高质量发展所借助的平台和数字投入要素。对于已经进行出口贸易的企业,使用互联网、电子商务、数字化投入三个维度来衡量数字经济发展程度,能够更准确地评估和研究数字经济对出口企业高质量发展的影响。综合以上三种影响研究,本书从宏观与微观两个角度探究了数字经济的发展对出口企业高质量发展的影响。

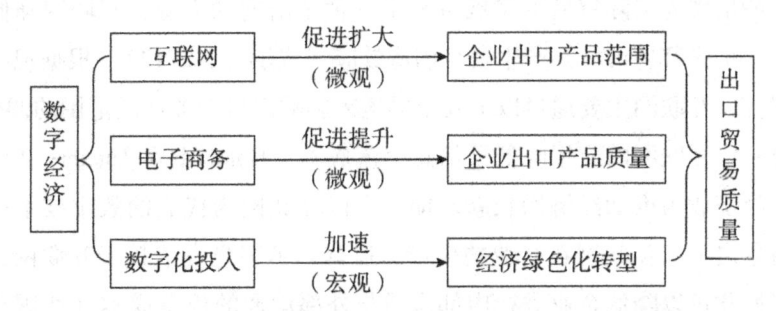

图4-2 数字经济影响出口企业高质量发展的理论框架

一、互联网对出口产品范围的影响

互联网是最典型的数字技术,传统经济与数字技术的深度融合催生数字经济新业态。因此,可以通过互联网来衡量数字经济。比如:李长江(2017)[①]认为数字经济主要以数字技术方式进行生产的经济形态。Goldfrab & Tucker (2019)[②]、许恒等(2020)[③]认为数字经济是信息通信技术产业化与市场化的表现。2014年欧盟发布了数字经济与社会指数(Digital Economy and

---

① 李长江. 关于数字经济内涵的初步探讨 [J]. 电子政务, 2017 (09): 84-92.
② Goldfrab A, Tucker C. Digital Economics [J]. Journal of Economic Literature, 2019, 57 (1): 3-43.
③ 许恒, 张一林, 曹雨佳. 数字经济、技术溢出与动态竞合政策 [J]. 管理世界, 2020, 36 (11): 63-84.

Society Index），该指数包含了宽带接入、人力资本、互联网应用、数字技术应用与数字化公共服务等多项指标。2018年美国经济分析局（BEA）首次发布了有关美国数字经济规模测算的相关报告，将数字经济分为计算机网络运行所需的数字使能基础设施、数字交易（电子商务）、数字媒体三部分。还有一些研究从互联网发展、数字交易发展等多维度构建了数字经济测度体系（刘军等，2020；王军等，2021；万晓榆和罗焱卿，2022）①②③。

根据Eckel和Neary提出的多产品企业寡头竞争模型，企业的出口产品范围主要由成本因素与市场因素来决定。对于成本因素，企业会倾向于放弃高边际成本的产品，关注于具有核心优势的产品；对于市场因素，企业在面对市场压力时，倾向于缩小产品范围来应对市场竞争（Eckel & Neary，2010）④。互联网的出现为国际贸易的发展带来了一种全新的动力源，互联网降低了贸易成本、扩张贸易市场并产生贸易创造效应（朱彤等，2012）。根据现有国内外的研究，互联网主要通过以下几个渠道来影响出口企业产品范围的调整。

第一，互联网的应用降低了信息交流成本（Goldfarb & Tucker，2019）⑤。在数字经济成为推动经济增长新动能，在以互联网为代表的数字技术快速发展的背景之下，互联网在企业的生产、运营和销售愈发依赖于互联网，企业的互联网化可以降低企业进行内部沟通与外部沟通的信息成本（沈国兵和袁征宇，2020）⑥。企业的网站主页代替了原有的越洋电话、电报、邮件等方式清晰地传递了有关企业或产品的信息，在交易双方进行有关货物的质量、数量、价格、交货期等方面的谈判上，电子邮件沟通从一定程度上取代了高成

---

① 刘军，杨渊鋆，张三峰. 中国数字经济测度与驱动因素研究 [J]. 上海经济研究, 2020, No. 381（06）: 81 – 96.

② 王军，朱杰，罗茜. 中国数字经济发展水平及演变测度 [J]. 数量经济技术经济研究, 2021, 38（07）: 26 – 42.

③ 万晓榆，罗焱卿. 数字经济发展水平测度及其对全要素生产率的影响效应 [J]. 改革, 2022, （01）: 101 – 118.

④ Eckel C, Neary J P. Multi – Product Firms and Flexible Manufacturing in the Global Economy [J]. Review of Economic Studies, 2010, 77: 188 – 217.

⑤ Goldfarb A., C Tucker. Digital Economics [J] Journal of Economic Literature, 2019, 57（1）: 3 – 43.

⑥ 沈国兵，袁征宇. 企业互联网化对中国企业创新及出口的影响 [J]. 经济研究, 2020, 55（01）: 33 – 48.

本的跨国面谈（Ferro，2011；Timmis，2013；Niru，2014；茹玉骢和李燕，2014）[1][2][3][4]，互联网的普及降低了企业推介新产品的成本，促进了企业扩大其出口产品范围（李兵和李柔，2017）[5]。

第二，互联网降低了企业出口风险。作为信息传播与搜寻平台，互联网帮助企业更加清晰、及时地了解目的国相关的法律法规、政策等信息，降低了企业出口风险，提升了企业面临国际市场不确定性时的应对能力（赵瑞丽等，2021）[6]，缓解或避免企业选择放弃出口表现最差的产品以应对激烈的国际市场竞争现象的发生（Bernard et al.，2010），从而对企业出口产品范围扩大产生积极影响。

第三，互联网推动了电子商务的发展，提升了交易效率。作为新型的贸易业态，电子商务克服了传统线下商业活动的局限性，其综合成本更低，交易效率更高（马述忠等，2020），并且为买方提供了更加多样的产品选择范围和更加优惠的价格，为卖方提供了更加广阔的市场环境和更加精确的受众范围。例如，跨境电商一方面降低信息成本，促进出口在扩展边际（进出口企业的数量）上的增长；另一方面，强化规模经济，促进出口在集约边际（单位企业平均贸易额）上的增长（马述忠等，2021）。互联网通过促进电子商务的发展来影响出口企业产品范围。

第四，互联网促进了出口企业绩效的提升和劳动者收入提高。互联网的发展能够提升出口企业创新绩效和技术水平（戴美虹，2019；岳云嵩，2021），同时保障了企业出口行为的平稳性（赵瑞丽等，2021）。一方面，互联网的成本降低效应为中小企业参与国际贸易提供了机会，促进了企业出口

---

[1] Ferro, Esteban "Signaling and Technological Marketing Tools for Exporters." World Bank, Policy Research working paper series, No. 5547, 2011.

[2] Timmis J. Internet Adoption and Firm Exports in Developing Economies [J]. Discussion Papers, 2013.

[3] Yadav, Niru. The Role of Internet Use on International Trade: Evidence from Asian and Sub - Saharan African Enterprises [J]. Global Economy Journal, 2014, 14 (2).

[4] 茹玉骢，李燕. 电子商务与中国企业出口行为：基于世界银行微观数据的分析 [J]. 国际贸易问题，2014，(12)：3-13.

[5] 李兵，李柔. 互联网与企业出口：来自中国工业企业的微观经验证据 [J]. 世界经济，2017, 40 (07)：102-125.

[6] 赵瑞丽，谭用，崔凯雯. 互联网深化、信息不确定性与企业出口平稳性 [J]. 统计研究，2021, 38 (07)：32-46.

进入和种类扩张（胡馨月等，2020）。另一方面，互联网技术的应用减少了劳动力市场中的信息不对称问题、拓宽劳动者获取信息的来源、帮助劳动者拓展社会网络，以及提高劳动者的认知能力和劳动生产率，进而提高其收入（徐圣翔等，2022）。因此，互联网技术的应用会从多个方面影响出口企业产品范围的调整。

二、电子商务对出口产品质量的影响

Tapscott[①]于1996年在《数字经济：治理互联时代的前景与风险》指出数字经济是以互联网接入为代表的基础设施、电子商务以及运用信息通信技术的B2B、B2C与C2C交易模式被广泛运用的经济系统。许宪春和张美慧（2020）[②]认为数字经济是以数字技术为基石、数字化平台为主要媒介、数字化赋权基础设施为支撑的经济活动。2018年美国经济分析局（BEA）首次发布了有关美国数字经济规模测算的相关报告，将数字经济分为计算机网络运行所需的数字使能基础设施、数字交易（电子商务）、数字媒体三部分。鉴于此，本书在现有文献的基础之上，通过电子商务来衡量数字经济。基于互联网、大数据、人工智能等数字技术的广泛应用，我国电子商务实现了高速发展和不断完善。电子商务平台作为新型的贸易中介，既降低了国际贸易的进入门槛，同时也提升了出口企业绩效。电子商务主要从以下几个方面影响出口企业的产品质量。

第一，降低信息搜寻成本和提高获取信息的便利性。电子商务平台是技术外溢的重要渠道（岳云嵩和李兵，2018）[③]，企业利用电子商务平台及时获取第一手行业资讯，迅速掌握竞争对手信息，甚至可以通过平台交流向成功者学习经验与教训，为企业提升产品质量打下坚实基础（鄂立彬和黄永稳，2014）[④]。

---

① Tapscott, D. The Digital Economy: Promise and Peril in the Age of Networked Intelligence [M]. New York: Mc Graw – Hill, 1996.
② 许宪春，张美慧. 中国数字经济规模测算研究——基于国际比较的视角 [J]. 中国工业经济，2020，(05)：23 – 41.
③ 岳云嵩，李兵. 电子商务平台应用与中国制造业企业出口绩效——基于"阿里巴巴"大数据的经验研究 [J]. 中国工业经济，2018 (08)：97 – 115.
④ 鄂立彬，黄永稳. 国际贸易新方式：跨境电子商务的最新研究 [J]. 东北财经大学学报，2014 (02)：22 – 31.

第二，提供与消费者实时沟通的平台，帮助企业获取消费者需求和市场需求。电子商务使研发、生产与销售等各个环节之间的联系更加紧密（谢靖和王少红，2022）①，提升了企业的组织效率。电子商务平台的迅速发展与大数据分析技术的应用帮助企业更加准确且快速地捕捉消费者的需求变化与标准导向，将在线销售平台的客户评价反馈至研发、生产环节，进而倒逼企业进行产品升级与创新（李春发等，2020）②，从而对于出口产品质量提升产生积极作用。

第三，降低了生产要素采购成本。电子商务平台信息的透明化增加了企业采购生产要素的议价能力，能够帮助企业获取性价比更高的产品，同时，生产要素的供应商也会因为电子商务平台的便捷性、网络效应和成本降低效应而降低产品的售价，进而使电子商务平台的应用降低了企业进行要素采购的成本。

第四，提升企业资源整合能力，提高中间品质量。电子商务平台赋予了企业打破物理时空限制的能力，增强了企业整合全球资源的能力，促进了上游供应商与采购商之间的利益互通（Venables，2001；李海舰等，2014；冯华和陈亚琦，2016）③④⑤，电子商务平台提供的丰富数据信息将有助于企业选择质量更高的产品或服务，搜寻成本的降低进一步强化这一作用（王瀚迪和袁逸铭，2022）⑥，电子商务的网络性与平台性有利于企业获取所需产品与服务的质量信息，帮助企业寻找到同等价位下质量较高的产品或服务，而中间品进口质量的提高有利于出口产品质量的提升（宋跃刚和郑磊，2020）⑦。

---

① 谢靖，王少红. 数字经济与制造业企业出口产品质量升级 [J]. 武汉大学学报（哲学社会科学版），2022，75（01）：101-113.

② 李春发，李冬冬，周驰. 数字经济驱动制造业转型升级的作用机理——基于产业链视角的分析 [J]. 商业研究，2020（02）：73-82.

③ Venables, A. J. Geography and International Inequalities: The Impact of New Technologies [J]. Journal of Industry Competition & Trade，2001，1（2）：21-44.

④ 李海舰，田跃新，李文杰. 互联网思维与传统企业再造 [J]. 中国工业经济，2014（10）：135-146.

⑤ 冯华，陈亚琦. 平台商业模式创新研究——基于互联网环境下的时空契合分析 [J]. 中国工业经济，2016（03）：99-113.

⑥ 王瀚迪，袁逸铭. 数字经济、目的国搜寻成本和企业出口产品质量 [J]. 国际经贸探索，2022，38（01）：4-20.

⑦ 宋跃刚，郑磊. 中间品进口、自主创新与中国制造业企业出口产品质量升级 [J]. 世界经济研究，2020，No.321（11）：26-44+135.

三、数字化投入对经济绿色化转型的影响

在数字技术高速发展的当下，数字化的知识与信息成了关键生产要素（孙杰，2020）[①]。Knickrehm et al.（2016）[②] 定义数字经济为数字化投入带来的经济产出。张雪玲和焦月霞（2017）[③] 将数字经济总结为以信息通信技术的数字化为关键生产要素，利用信息通信基础设施形成虚拟网，对各行业业务流程、交易方式形成深刻变革，促进电子商务发展，赋予企业生产经营活动与居民生活消费活动数字化特征，改变了经济结构与经济价值创造的方式。经济合作与发展组织（OECD）从投资智能化基础设施、赋权社会、创新能力与ICT促进经济增长方面构造了含有38个细分指标的数字经济指标体系。因此在现有研究的基础之上，本书通过数字投入来刻画数字经济。随着现代信息通信技术，如大数据、云计算、物联网和人工智能等的迅猛发展和广泛应用，以及以互联网和大数据为支撑的"新零售"和"新制造"商业模式的涌现，数字经济的崛起显著推动了经济绿色化发展。数字化技术的应用具有效率与成本优势，为低碳转型提供了新动能。数字化投入主要从以下几个方面影响经济绿色化转型。

第一，数字化投入提升生产效率。数字技术正在助推传统高碳排放行业，如电力、能源、工业、交通和建筑等进行数字化转型，降低生产过程中各环节的能耗。数据要素与传统要素的紧密结合推动了传统生产要素的数字化、网络化和智能化改造，降低了资源损耗（郭家堂和骆品亮，2016），提升了企业的资源配置效率，变革了原有的资源配置方式，进一步提升了传统生产要素的投入与产出效率。数字经济能够有效赋能企业智能化绿色制造和能源管理，引领绿色工艺和服务创新，实现生产效率与碳效率的双提升，并进一步助力驱动经济绿色化转型（Lyu & Liu，2021）。数字经济的知识溢出效应推动产业内部制造成本结构优化，增强了产业体系与外部环境的联动和响应能力

[①] 孙杰. 从数字经济到数字贸易：内涵、特征、规则与影响［J］. 国际经贸探索，2020，36（05）：87-98.

[②] Knickrehm M, Berthon B, Daugherty P. Digital Disruption：The Growth Multiplier［J］. Accenture Strategy，2016（1）：1-12.

[③] 张雪玲，焦月霞. 中国数字经济发展指数及其应用初探［J］. 浙江社会科学，2017（04）：32-40+157.

(Aaron & Jason，2016)①，数字技术驱动平台功能搭建与多维场景打造，有效降低了资源配置的低效与无谓损耗问题，提升了资源的整合效率(Thompson，2014)②，有助于生产过程的标准化、精准化与智能化控制，实现生产环节的绿色化转型（许宪春等，2019；荆文君和孙宝文，2019）③④。互联网促进了技术信息协同、创新与研发合作，降低了工业在生产、管理与交易环节的成本，提升了工业的绿色全要素生产率（肖远飞和姜瑶，2021）⑤。

第二，数据增强了企业创新能力。数字技术与传统金融业相结合，缓解了信息不对称问题，促进了数据共享。数字金融天然具有绿色属性，区块链技术的应用为绿色基础设施的建设搭建了去中心化的融资平台，吸引了多元化的投资主体（渠慎宁，2020）⑥，推动绿色金融资源向环境友好型企业倾斜，将环境污染问题内部化（滕磊和马德功，2020）⑦，使得工业绿色环保项目获得充足资金支持，激励了绿色节能技术的研发，推进经济实现绿色化转型（吕知新等，2021）⑧。随着数字经济的发展，企业可以模拟生产过程，利用数字化技术带来的智能优化决策、精准控制执行、深度信息感知功能，对企业的经营决策和管理模式进行了全方位优化和创新。

第三，数字化投入提升能源利用效率。信息技术的应用推进生产过程实现自动化，降低了能耗，提升能源的使用效率，带来了节能效应（Wing，

---

① Aaron P., Jason S. The End of Ownership: Personal Property in the Digital Economy [M]. Cambridge: The MIT Press, 2016.

② Thompson P., Williams R., Thomas B. Are UK SMEs with Active Web Sites More Likely to Achieve both Innovation and Growth? [J]. Journal of Small Business & Enterprise Development, 2014, 20 (4): 934 - 965.

③ 许宪春，任雪，常子豪. 大数据与绿色发展 [J]. 中国工业经济, 2019 (04): 5 - 22.

④ 荆文君，孙宝文. 数字经济促进经济高质量发展：一个理论分析框架 [J]. 经济学家, 2019 (02): 66 - 73.

⑤ 肖远飞，姜瑶. 数字经济对工业绿色生产效率的影响研究 [J]. 现代管理科学, 2021 (08): 100 - 109.

⑥ 渠慎宁. 区块链助推实体经济高质量发展：模式、载体与路径 [J]. 改革, 2020, No.311 (01): 39 - 47.

⑦ 滕磊，马德功. 数字金融能够促进高质量发展吗？[J]. 统计研究, 2020, 37 (11): 80 - 92.

⑧ 吕知新，包权，任龙梅，李银换. 数字金融能够促进工业经济绿色转型发展吗？——基于规模以上工业企业数据经验分析 [J]. 科技管理研究, 2021, 41 (24): 184 - 194.

2008；May et al.，2011）①②。数字技术的应用颠覆了传统的经销方式，在线平台拓宽了生产者的销售渠道与消费者的购买渠道，网络直销方式跳过了中间商环节，减少了商品周转次数，缩短了商品仓储时间，进一步降低了能源消耗；数字技术在仓储物流中的应用催生了智慧仓储与智慧物流管理系统，提升了物流配送效率，降低了物流配送中的能源消耗（冯子洋，2023）③。在微观层面，数字经济的发展促进了企业的智能化、柔性化与数字化。企业通过引入并应用数字技术，能够优化原有的生产组织方式与生产流程，捕捉高效产能，淘汰低效或过剩产能，提高能源利用效率（张三峰和魏下海，2019），推动企业绿色低碳转型。在宏观层面，区块链、大数据、人工智能等数字技术在生产领域的应用促使技术、数据和能源等要素相互紧密联合，进一步增强了针对能源消耗的数字化检测与预测能力，提升了能源要素的配置效率，促进能源要素向使用效率更高的领域或行业流动。这进一步促进了能源产业链的扩展与价值链的提升，有利于清洁能源的规模化使用，从而最终推动经济绿色化转型（张杰等，2022）。

第四，构建智能化生态检测和数字环境治理。大数据、云计算、区块链等数字技术的广泛应用为生态环境管理信息化打下了坚实基础。生态环境数据信息管理系统的建立提升了环保相关部门的数据信息整合能力，将各企业内部碎片化生态数据信息进行整合有助于打破数据信息壁垒，实现生态环境决策的科学化（许宪春等，2019）④。

第五，促进产业转型升级。一方面，传统产业利用互联网等数字技术对原有资源或要素进行重新整合，优化生产流程，提升生产率，从而形成高效的生产模式，推进产业结构升级。数字经济通过多种途径，如成本节约、规模经济、精准配置、效率提升以及创新赋能，推动了产业结构升级（祝合良和王春娟，2020）。这一发展趋势也反过来促使产业结构的调整（刘洋和陈晓

---

① Wing I S. Explaining the declining energy intensity of the U.S. economy [J]. Resource & Energy Economics，2008，30（1）：21–49.

② May G, Stahl B, Taisch M, et al. Energy management in manufacturing：From literature review to a conceptual framework [J]. Journal of Cleaner Production，2016：1464–1489.

③ 冯子洋，宋冬林，谢文帅. 数字经济助力实现"双碳"目标：基本途径、内在机理与行动策略 [J]. 北京师范大学学报（社会科学版），2023（01）：52–61.

④ 许宪春，任雪，常子豪. 大数据与绿色发展 [J]. 中国工业经济，2019（04）：5–22.

东，2021）。随着数字技术在产业领域的深入应用，它提升了产业组织的运行效率，推动了传统产业向智能化和绿色化发展转型。另一方面，催生了一些新技术、新业态，如储能技术、智能电网、新能源产业、智慧交通以及分布式用能系统等，以自身独有的方式逐步深入对能源利用率产生影响。同时，数字经济推动了新兴数字产业的发展，数字技术与智能制造电子信息等传统高新技术产业的融合加速了新兴数字产业的崛起与发展，并且减少了产业对于能源消耗的依赖，促使粗放型发展方式逐步转变为集约型发展，从而降低单位产出所需能耗与碳排放。

第三节 本章小结

本章从理论层面分析了数字经济对出口企业高质量发展的影响，数字经济的发展进一步丰富了国际贸易理论并催生了数字贸易新业态，电子商务主要通过降低信息搜寻成本和提高获取信息的便利性；提供与消费者实时沟通的平台，帮助企业获取消费者需求和市场需求；降低生产要素采购成本；提升企业资源整合能力以及提高中间品质量来影响出口企业产品质量。数字化投入主要通过提升生产效率；增强企业创新能力；提升能源利用效率；构建智能化生态检测和数字环境治理与促进产业转型升级来促进出口企业绿色化转型。上述的理论分析为后续的研究提供理论支撑。

第五章
数字经济对出口企业产品范围的影响分析

数字经济对出口企业产品范围影响背后的逻辑在于信息流通和市场响应能力的提升。通过数字技术和互联网，企业可以实时获取全球市场的消费数据和趋势，精准洞察不同地区的需求变化，从而快速调整多样化产品线。此外，数字化销售渠道如跨境电商平台降低了市场准入门槛，让企业能够更广泛地触及全球消费者。数字技术还优化了供应链管理和生产流程，使得企业可以灵活调整生产，推出定制化和创新产品，满足多样化的市场需求。这一逻辑链条促进了出口企业在产品范围上的不断扩展和优化。

第一节　引言

互联网是随着时代发展而产生的一种新的生产力，其本身在作为一个产业的同时也带动着其他产业的发展。借助互联网技术，我国的经济实现了高速增长。近二十年来，我国互联网在上网人数和普及率方面均呈上升趋势，VoIP（Voice over Internet Protocol）超传统长途电话累计通话时长从2002年起便超过了传统固话、2015—2021年互联网宽带接入用户成倍数增长、互联网流量增长速度已显著高于用户增长速度，这些都说明互联网已经深入人们的生活，并促进了电子商务、电子政务的发展，不仅实现了商务活动流程的电子化，也为公共服务提供了一种全新的管理模式。已有研究表明，互联网的出现为国际贸易的发展带来了一种全新的动力源，可以降低贸易成本、扩张贸易市场并产生贸易创造效应（朱彤等，2012）。在发展中国家，互联网对出口存在明显的促进作用，而在发达国家的作用则不显著（Clarke and Wallsten，2006），将这一结论具体应用到我国范围来看，仍然成立。在经济发展程度最低的西部地区，互联网对出口具有显著的促进作用，而东部与中部地区则不显著。尽管如此，互联网普及率对中国外贸出口仍有显著的促进作用（朱彤等，2012）。互联网的发展一方面对经济结构的调整具有积极的影响（吴元兵，2011），另一方面对于出口企业市场势力存在"成本效应"和"创新效应"，即通过降低贸易成本、促进创新，提升了出口企业市场实力（朱勤，2021）。

本书之所以选择重点分析出口企业产品范围的变化，是因为我国多产品出口企业在出口企业中占比较大（陈志远，2022），多产品公司的出口主导着世界贸易流，不同目的地之间贸易流的变化在一定程度上反映了多产品公司决定在不同市场条件的目的地之间改变其出口产品范围。激烈的竞争促使企业将其出口销售的产品转向更好的成型产品，而企业产品范围的内生反应则体现为通过放弃表现最差的产品来应对日益激烈的竞争（Bernard et al.，2010）。多产品企业对产品范围与结构的调整是企业有效配置内部资源、提升生产效率与产品竞争力的重要途径（Eckel & Neary，2010；Mayer et al.，2014；Eckel et al.，2015）。

本章在现有文献的基础上用互联网衡量数字经济发展水平，重点在以下两个方面作出了有益探索，一是首次利用互联网的影响作用对出口企业产品范围进行考察，更加细致地分析互联网对于出口贸易的影响。二是提供了关于互联网发展与出口企业产品范围调整的新证据，实证研究发现，互联网的发展有助于使企业从单一产品转向多产品出口，降低企业获取信息的成本，实现资源的最优配置，提升企业的创新能力。

本章的研究结论为深入理解数字经济对出口企业高质量发展提供了重要的参考价值，一方面，有助于深入理解互联网技术的发展与互联网环境的改善如何影响我国出口企业的出口产品范围；另一方面，畅通国际循环、提升国际循环质量是加快构建"双循环"新发展格局的内在需求，在这个以互联网为核心力量之一的变革时代，多产品出口企业如何利用互联网实现资源的最优配置是亟待解决的问题，本章在一定程度上可以为其提供现实依据和政策借鉴。

第二节 研究假设

互联网具有资源重置的功能，企业内的资源重置是互联网影响出口创新绩效的作用渠道，互联网的发展能够促进出口企业创新绩效的提升（戴美虹，2019）。互联网应用总体上促进了企业出口产品技术水平的提升（岳云嵩，2021），同时也有利于企业通过信息外溢效应降低其信息不对称问题，准确评估目的国市场的成本冲击，保障其出口行为的平稳性（赵瑞丽等，2021）。互联网具有成本降低效应，具体表现为降低企业出口门槛，促进企业出口进入和种类扩张（胡馨月等，2020）。据此，本书提出以下假设。

假设1：互联网的发展有利于扩大出口产品范围

互联网的发展改变了人们的生活方式，其中一项便是商务流程电子化，已然成为我国目前拉动经济的"新增长点"。电子商务克服了传统线下商业活动的局限性，与传统线下商业活动相比，综合成本更低，交易效率更高（马述忠等，2020），其为买方提供了更加多样的产品选择范围和更加优惠的价格，为卖方提供了更加广阔的市场环境和更加精确的受众范围。跨境电商的兴起同样为国际贸易的发展提供了新机遇，有效地降低了国际贸易和生产中的固定成本（鞠雪楠等，2020）。一方面，信息成本的降低，促进出口在扩展边际（进出口企业的数量）上的增长；另一方面，规模经济的强化，促进出口在集约边际（单位企业平均贸易额）上的增长（马述忠等，2021）。跨境电商的数字化、平台化、普惠化特征使得通过国际贸易满足消费者的个性化、差异化偏好成为可能（郭继文等，2022），作为一种新的贸易业态，电子商务正在深刻地影响着全球贸易格局，而这种业态的最初动力来源于互联网的发展。电子商务使线上方式的贸易成为可能，买卖双方均可克服时间与空间的局限来实现远程交易的达成。据此，本书提出以下假设。

假设2：互联网促进电子商务发展，线上方式促进出口产品范围扩大

互联网有利于提高劳动者收入。其作用机制表现为互联网技术的应用将

有利于减少劳动力市场中的信息不对称问题、拓宽劳动者获取信息的来源，以及帮助其拓展社会网络，同时劳动者还能从中不断学习新知识和技能从而促进人力资本的积累，以及提高劳动者的认知能力和劳动生产率，进而提高其收入（徐圣翔等，2022）。电子商务交易平台通过有效地提高消费者搜寻次数、降低市场搜寻成本，对零售市场的价格产生了显著影响（孙浦阳等，2017），跨境电子商务显著降低了出口中跨境物流的成本（张洪胜，2021）。价格的降低有助于促进销售量的增加，进而促进企业营业收入总体的提升。企业互联网化可以降低信息获取、搜寻和复制成本，促进企业的创新及出口行为（沈国兵等，2020）。因此，本章认为互联网通过减少信息不确定性从而降低信息搜寻成本、加速知识和信息的传播从而促进企业的创新发展、线上平台的扩张促进企业出口市场的扩大，进而提高企业的收入。据此，本书提出以下假设。

假设3：互联网提高企业收入，促进企业出口产品范围扩大

互联网突破了地理限制，使企业能够面向全球市场销售产品和服务。通过电子商务平台，如阿里巴巴、亚马逊等，企业可以直接接触世界各地的消费者，从而扩大市场覆盖范围，增加销售机会。传统营销手段成本高且覆盖范围有限，而互联网营销（如搜索引擎优化、社交媒体广告、内容营销等）成本较低且效果显著。通过精准投放广告和定向营销，企业可以以更低的成本触达更多的潜在客户，提高营销效果。互联网技术使企业能够提供更加便捷和个性化的客户服务，如在线客服、实时聊天机器人、个性化推荐等。这些服务提升了客户满意度和忠诚度，从而增加重复购买率和客户终身价值。利用云计算和大数据分析，企业可以实时监控库存、优化供应链、预测市场需求，从而降低运营成本，提高运营效率。这些技术的应用帮助企业在更短的时间内响应市场变化，抓住更多的销售机会。跨境电商平台的兴起为企业提供了进入国际市场的便捷通道。企业可以通过这些平台将产品直接销售给全球消费者，避免了传统出口中的烦琐手续和中间环节。这样不仅扩大了销售渠道，还使企业能够灵活地推出适应不同市场需求的新产品。互联网提供的国际物流和支付解决方案，如国际快递、跨境仓储、在线支付等，使得企业能够高效地进行国际交易。便捷的物流和安全的支付方式减少了国际贸易的障碍，使企业更容易进入和拓展海外市场。通过互联网，企业可以实时获

得海外市场的反馈信息，了解消费者的需求和偏好。这些信息帮助企业快速调整产品策略，开发出适合不同国家和地区的产品，扩大产品种类和出口范围。互联网技术如电子合同、在线报关、数字认证等，简化了国际贸易的流程，降低了贸易壁垒和成本。数字化的贸易方式使企业能够更快捷地完成跨国交易，减少了时间和成本，提高了国际市场竞争力。互联网通过提供全球市场的访问途径、降低营销和运营成本、提升客户体验、优化供应链管理、提供国际物流和支付解决方案、实时市场反馈和简化国际贸易流程等手段，显著提高了企业收入和促进了企业出口产品范围的扩大。随着互联网技术的不断发展，其在企业收入增长和国际市场拓展中的作用将更加重要和明显。

第三节　数据来源与变量说明

一、数据处理

本章的数据来源于 1995—2013 年的中国工业企业数据库、2000—2016 年中国海关数据库、国家统计局省级层面数据，样本涉及中国 31 个省份的制造业出口企业。经过数据处理后本章选取 2000—2013 年数据作为基础样本。

本章对以上数据库做了如下合并：一是将国家统计局下载的分省年份数据处理为省级面板数据作为控制变量；二是提取中国海关数据中企业代码的前两位并识别为省份，通过年份与省份两个变量的匹配将中国海关数据库与省级面板数据合并在一起；三是通过公司名称与年份两个变量将其合并为一个整体的面板数据。

二、变量设计

（一）互联网程度的度量

在国家统计局省级层面数据中，互联网衡量的指标有互联网宽带接入用户数、网页数、网站数、域名数、接入流量、移动互联网等，但鉴于互联网宽带接入用户数、网页数、网站数、域名数、接入流量、移动互联网等指标无法满足2000—2013年的时间跨度，因此本章选取互联网上网人数占年末常住人口的比重作为衡量互联网程度的指标。

（二）企业出口产品范围

本章以海关编码来衡量企业的出口产品范围，在基准回归中采用HS6编码，在稳健性检验中采用HS8编码。若企业包含不同种类的海关编码，则说明企业出口不同种类的产品，以此来衡量企业的出口产品范围。

（三）控制变量

企业层面与省级层面的特征均会影响企业出口产品范围，因此本章在回归中加入了企业层面和省级层面随时间变化的控制变量，来控制其他因素对产品范围的影响。具体包括：①从业人数（$labor$），本章以企业的从业人数来控制企业规模对出口产品范围的影响；②年龄（age），以当年年份减去企业开业年份，来控制企业经验的丰富程度；③外商直接投资程度（fdi），外商及港澳台地区工业企业个数，国有控股工业企业个数与私营工业企业个数共同组成国内企业总数，而外商及港澳台地区工业企业与国内企业总数的比值，则代表了外商直接投资程度的大小，外商直接投资程度越高，说明该省份在投资决策方面越灵活，以此来控制决策的灵活性对出口产品范围的影响（陈志远等，2022）；④资产负债率（lev），以资产与负债之比来衡量。资产负债率过低，说明企业以负债取得的资产越少，则企业运用外部资金的能力较差；资产负债率过高，说明企业通过负债筹集的资产越多，则风险越大，以此来控制企业的资金结构对出口产品范围的影响；⑤资本密集度（klr），用存量法计算，以固定资产与从业人数之比来衡量，以此来控制企业资本对出口产品范围的影响；⑥财政（$fiscal$），以财政收入占GDP的比重来衡量，来控制省份中财政因素对出口产品范围的影响；⑦教育（edu），以教育经费占该省的GDP比重来衡量，控制文化程度的差异对出口产品范围的影响；⑧开放程度（$open$），以经营单位所在省进出口总额与该省GDP之比衡量，控制省份的开放程度对出口产品范围的影响；⑨人均GDP（$gdppc$），以省份GDP与省份年末常住人口之比衡量该省份经济发展程度，控制其对出口产品范围的影响。表 5-1 报告了本章变量定义、计算方法以及所在的层次面。

表 5-1 变量定义

变量	变量的计算方法	层次面（省份/企业）
HS6 产品范围	单个企业出口 HS6 产品个数	企业层面
HS8 产品范围	单个企业出口 HS8 产品个数	企业层面
互联网程度	互联网上网人数/年末常住人口	省份层面
从业人数		企业层面
资产负债率	资产/负债	企业层面
企业年龄	当前年份 - 企业开业年份	企业层面
资本密集度	固定资产/从业人数	企业层面
财政收入占比	财政收入/GDP	省份层面
受教育程度	教育经费/GDP	省份层面
贸易开放程度	进出口总额/GDP	省份层面
投资开放程度	外商及港澳台工业企业个数/（国有控股工业企业个数 + 私营工业企业个数 + 外商及港澳台工业企业个数）	省份层面

本章对主要变量进行了描述性统计，见表 5-2。

表 5-2 主要变量的描述性统计

变量	N	mean	sd	min	p50	max
lnnum hs8	499117	1.609	0.798	0.693	1.386	6.447
lnnum hs6	499117	1.574	0.786	0.693	1.386	6.366
lninternet	471980	0.283	0.141	0.0110	0.303	0.549
lnlabor	495886	5.375	1.113	0	5.398	12.32
lnklr	494393	3.870	1.366	-0.128	3.889	15.01
lnage	498967	2.261	0.585	0	2.303	7.602
lngdp	499117	9.822	0.779	4.777	9.913	11.04
lngdppc	499117	1.486	0.421	0.242	1.530	2.393

续表

变量	N	mean	sd	min	p50	max
lnfiscal	499117	0.0910	0.0250	0.0430	0.0870	0.190
lnedu	439701	5.943	0.166	5.653	5.932	7.285
lnopen	499117	8.964	0.787	6.115	9.115	10.04
lnfdi	499117	0.240	0.106	0.00500	0.215	0.455

第四节 实证检验

一、基准回归分析

基准回归结果分析见表5-3，列（1）仅加入了核心解释变量 lninternet 与被解释变量 lnnum_hs8，控制企业固定效应与年份固定效应，并在企业层面进行标准物聚类，结果显示，lninternet 估计系数在1%的水平下显著为正。列（2）进一步加入了企业层面的控制变量，包括：以企业从业人数为衡量的企业规模、企业的资本密集度以及企业的年龄，lninternet 估计系数仍在1%的水平下显著为正。列（3）在列（2）的基础上进一步加入了省份层面的控制变量，包括：省份GDP、人均GDP、财政收入、教育水平、贸易开放程度、投资开放程度，估计结果显示，lninternet 的符号与显著性未发生变化，说明互联网将促进企业出口产品范围的扩大，即互联网水平每增加1%，企业出口产品范围将扩大0.2073%。从表5-3可以看出，互联网渗透率、企业规模、资本密集度、企业年龄、人均GDP、财政收入、投资开放程度均与出口产品范围呈正相关，GDP、教育水平、贸易开放程度均与出口产品范围呈负相关。无论是在哪一种情况下，lninternet 均在1%的水平下显著，系数均为正，且拟合程度较高。由此可以得出，随着互联网渗透率提高，出口产品范围扩大，假设1成立。值得注意的是人均GDP对出口产品范围不具有显著性，这说明人均GDP对出口产品范围仅具有正向影响，但未通过统计性检验。

表5-3 基准回归结果分析

变量	(1) lnnum_hs8	(2) lnnum_hs8	(3) lnnum_hs8
lninternet	0.2746*** (0.0506)	0.2434*** (0.0504)	0.2073*** (0.0551)
lnlabor	—	0.0709*** (0.0024)	0.0736*** (0.0024)
lnklr	—	0.0204*** (0.0014)	0.0222*** (0.0015)
lnage	—	0.0686*** (0.0045)	0.0657*** (0.0044)
lngdp	—	—	-0.1869*** (0.0678)
lngdppc	—	—	0.0024 (0.0783)
lnfiscal	—	—	0.7172*** (0.2392)
lnedu	—	—	-0.0957*** (0.0204)
lnopen	—	—	-0.0228* (0.0124)
lnfdi	—	—	0.2662*** (0.0868)
常数项	1.5633*** (0.0143)	0.9556*** (0.0225)	3.4350*** (0.5731)
个体固定效应	Yes	Yes	Yes
时间固定效应	Yes	Yes	Yes
观测值	438456	433494	367770
调整后的 R^2	0.7449	0.7473	0.7373

注：括号内为标准误，***、**、*分别表示在1%、5%和10%的水平上显著，下表同。

二、内生性分析

考虑到遗漏变量和双向因果可能对本章的估计结果产生影响，本章采用工具变量法进一步消除内生性带来的估计结果有偏性的可能。为克服变量内生性对结果产生影响，本章通过工具变量法进行内生性分析。具体采用滞后一期作为IV和使用域名数作为IV两种方法对内生性问题进行分析，以保证结论的可靠性。

（一）使用滞后一期作为IV

在进行内生性分析过程中，本章将互联网渗透率进行滞后一期处理，结果汇报在表5-4，列（1）仅加入了核心解释变量lninternet与被解释变量lnnum_hs8，控制企业固定效应与年份固定效应，并在企业层面进行标准物聚类。列（2）进一步加入企业层面的控制变量。列（3）在列（2）的基础之上加入省份层面的控制变量，可以看出，无论是在哪一种情况下，lninternet的系数均在1%的水平下显著，系数均为正，与基准回归结果一致。这说明在考虑内生性的情况下，互联网的发展对企业出口产品范围的扩大仍有促进作用，基准回归的结果是可信的。

表5-4 内生性分析（使用滞后一期作为IV）

变量	(1) lnnum_hs8	(2) lnnum_hs8	(3) lnnum_hs8
lninternet	0.3485*** (0.1142)	0.3256*** (0.1141)	0.4403*** (0.1531)
lnlabor	—	0.0580*** (0.0042)	0.0589*** (0.0042)
lnklr	—	0.0112*** (0.0027)	0.0131*** (0.0027)
lnage	—	0.0131* (0.0079)	0.0143* (0.0080)
lngdp	—	—	0.0032 (0.1235)

续表

变量	(1) lnnum_hs8	(2) lnnum_hs8	(3) lnnum_hs8
lngdppc	—	—	-0.2025
			(0.1395)
lnfiscal	—	—	0.4526
			(0.4084)
lnedu	—	—	0.0043
			(0.0302)
lnopen	—	—	-0.0667***
			(0.0194)
lnfdi	—	—	0.5926***
			(0.1734)
个体固定效应	Yes	Yes	Yes
时间固定效应	Yes	Yes	Yes
观测值	124470	124250	124250

（二）使用域名数作为Ⅳ

使用域名数作为工具变量，以减少内生性对结论准确性的影响，结果汇报在表5-5。从表5-5可以看出，在考虑内生性的情况下，lninternet的系数在1%的水平下显著为正，与基准回归结果一致，基准回归的结论仍然成立，即互联网的发展对企业出口产品范围的扩大仍有促进作用。

表5-5 内生性分析（使用Ⅳ）

变量	(1) lnnum_hs8	(2) lnnum_hs8	(3) lnnum_hs8
lninternet	31.0081***	66.2071**	46.1105***
	(9.0040)	(31.8222)	(11.4695)
lnlabor	—	0.0370**	0.0635***
		(0.0182)	(0.0059)

续表

变量	(1) lnnum_ hs8	(2) lnnum_ hs8	(3) lnnum_ hs8
lnklr	—	0.0249*** (0.0053)	0.0214*** (0.0037)
lnage	—	-0.0167 (0.0440)	0.0501*** (0.0114)
lngdp	—	—	15.5652*** (4.0917)
lngdppc	—	—	-19.1643*** (4.9094)
lnfiscal	—	—	-19.5106*** (5.0573)
lnedu	—	—	1.9989*** (0.5161)
lnfdi	—	—	6.0188*** (1.4866)
个体固定效应	Yes	Yes	Yes
时间固定效应	Yes	Yes	Yes
观测值	438456	433494	367770

综上所述，在考虑内生性的情况下，互联网的发展对企业出口产品范围的扩大仍有显著的促进作用，假设1成立。

三、稳健性检验

稳健性检验是考察评价方法的合理性和指标解释能力的强壮性的重要方式，接下来本章将通过控制省份固定效应、在省份层面聚类、控制行业*年份固定效应、替换被解释变量和替换核心解释变量五个方面对基准回归结果进行稳健性检验。

（一）控制省份固定效应

在基准回归的基础上，加入了对省份固定效应的控制，以排除省份层面遗漏变量的影响。并分别在列（1）的基础上逐步加入企业控制变量与省份控制变量，结果汇报在表5-6。与基准回归结果相比，lninternet 在1%的水平下显著，且互联网渗透率与出口产品范围呈正相关，lninternet 的符号与显著性水平均未发生实质性改变，表明互联网促进企业出口产品范围扩大。除 GDP、受教育程度、贸易开放程度呈显著负相关，人均 GDP 呈不显著正相关外，其余控制变量均呈显著正相关。

表5-6 稳健性检验结果（控制省份固定效应）

变量	(1) lnnum_hs8	(2) lnnum_hs8	(3) lnnum_hs8
lninternet	0.2769*** (0.0506)	0.2457*** (0.0504)	0.2046*** (0.0550)
lnlabor	—	0.0709*** (0.0024)	0.0736*** (0.0024)
lnklr	—	0.0204*** (0.0014)	0.0221*** (0.0015)
lnage	—	0.0687*** (0.0045)	0.0657*** (0.0044)
lngdp	—	—	-0.2057*** (0.0671)
lngdppc	—	—	0.0240 (0.0777)
lnfiscal	—	—	0.7153*** (0.2391)
lnedu	—	—	-0.0945*** (0.0204)
lnopen	—	—	-0.0210* (0.0123)
lnfdi	—	—	0.2716*** (0.0867)

续表

变量	(1) lnnum_hs8	(2) lnnum_hs8	(3) lnnum_hs8
常数项	1.5627***	0.9548***	3.5641***
	(0.0143)	(0.0225)	(0.5669)
个体固定效应	Yes	Yes	Yes
省份固定效应	Yes	Yes	Yes
时间固定效应	Yes	Yes	Yes
观测值	438456	433494	367770
调整后的 R^2	0.7449	0.7473	0.7373

（二）在省份层面聚类

在基准回归的基础上，加入省份层面的聚类，见表5-7。在省份层面聚类后，lninternet 与 lnnum_hs8 在表中的三种情况下均为显著正相关，均在1%的统计水平下显著为正，与基准回归结果类似，说明互联网渗透率的提高会促进出口产品范围的扩大。

表5-7 稳健性检验结果（在省份层面聚类）

变量	(1) lnnum_hs8	(2) lnnum_hs8	(3) lnnum_hs8
lninternet	0.2746***	0.2434***	0.2073***
	(0.0575)	(0.0573)	(0.0632)
lnlabor	—	0.0709***	0.0736***
		(0.0027)	(0.0028)
lnklr	—	0.0204***	0.0222***
		(0.0016)	(0.0018)
lnage	—	0.0686***	0.0657***
		(0.0052)	(0.0051)
lngdp	—	—	-0.1869**
			(0.0763)

续表

变量	(1) lnnum_hs8	(2) lnnum_hs8	(3) lnnum_hs8
lngdppc	—	—	0.0024 (0.0884)
lnfiscal	—	—	0.7172*** (0.2749)
lnedu	—	—	-0.0957*** (0.0235)
lnopen	—	—	-0.0228 (0.0141)
lnfdi	—	—	0.2662*** (0.0996)
常数项	1.5633*** (0.0163)	0.9556*** (0.0256)	3.4350*** (0.6465)
个体固定效应	Yes	Yes	Yes
时间固定效应	Yes	Yes	Yes
观测值	438456	433494	367770
调整后的 R^2	0.7449	0.7473	0.7373

（三）控制行业年份固定效应

在基准回归的基础上，增加对行业×年份固定效应的控制，见表5-8，lninternet 与 lnnum_hs8 仍然为显著正相关，与基准回归结果类似，互联网发展对企业出口产品范围的影响程度和方向没有发生明显变化，这表明基准回归的结果是稳健的。

表5-8　稳健性检验结果分析（控制行业*年份固定效应）

变量	(1) lnnum_hs8	(2) lnnum_hs8	(3) lnnum_hs8
lninternet	0.1852*** (0.0523)	0.1590*** (0.0520)	0.1120** (0.0567)

续表

变量	(1) lnnum_hs8	(2) lnnum_hs8	(3) lnnum_hs8
lnlabor	—	0.0696*** (0.0023)	0.0720*** (0.0024)
lnklr	—	0.0200*** (0.0014)	0.0209*** (0.0015)
lnage	—	0.0752*** (0.0045)	0.0709*** (0.0044)
lngdp	—	—	-0.1705** (0.0675)
lngdppc	—	—	0.0861 (0.0790)
lnfiscal	—	—	0.2165 (0.2361)
lnedu	—	—	-0.0270 (0.0206)
lnopen	—	—	-0.0148 (0.0123)
lnfdi	—	—	-0.0937 (0.0875)
常数项	1.5888*** (0.0148)	0.9731*** (0.0227)	2.8297*** (0.5677)
个体固定效应	Yes	Yes	Yes
行业*年份固定效应	Yes	Yes	Yes
观测值	438184	433217	367496
调整后的 R^2	0.7516	0.7539	0.7439

（四）替换被解释变量

将被解释变量由原来的海关 8 位码转为海关 6 位码衡量以验证回归结果

的稳健性。结果见表5-9，回归结果与基准回归结果类似，互联网渗透率和出口产品范围之间仍然呈显著正相关关系，说明互联网渗透率的提高有利于促进出口产品范围的扩大。

表5-9 稳健性检验结果分析（替换被解释变量：num_hs6）

变量	(1) lnnum_hs6	(2) lnnum_hs6	(3) lnnum_hs6
lninternet	0.2558*** (0.0496)	0.2260*** (0.0495)	0.1979*** (0.0541)
lnlabor	—	0.0689*** (0.0023)	0.0715*** (0.0024)
lnklr	—	0.0197*** (0.0014)	0.0213*** (0.0015)
lnage	—	0.0674*** (0.0045)	0.0646*** (0.0044)
lngdp	—	—	-0.1913*** (0.0664)
lngdppc	—	—	0.0042 (0.0768)
lnfiscal	—	—	0.7566*** (0.2346)
lnedu	—	—	-0.0908*** (0.0201)
lnopen	—	—	-0.0178 (0.0121)
lnfdi	—	—	0.2819*** (0.0853)
常数项	1.5322*** (0.0141)	0.9404*** (0.0221)	3.3784*** (0.5607)
个体固定效应	Yes	Yes	Yes
时间固定效应	Yes	Yes	Yes
观测值	438456	433494	367770
调整后的 R^2	0.7463	0.7486	0.7388

（五）替换核心解释变量

将核心解释变量互联网渗透率的衡量方式用人均互联网网站数代替互联网用户数与年末常住人口的比重。见表 5-10，lnnum_ hs8 与 lnwebsites 之间仍然呈显著正相关关系，说明人均互联网网站数越多，出口产品范围越大，进而得出互联网渗透率越高，出口产品范围越大。这表明基准回归结果是稳健的。

表 5-10　稳健性检验结果分析（替换核心解释变量）

（使用人均互联网网站数替代互联网用户数占比）

变量	(1) lnnum_ hs8	(2) lnnum_ hs8	(3) lnnum_ hs8
lnwebsites	11.1952*** (2.6737)	13.5346*** (2.6993)	9.8904** (4.1433)
lnlabor	—	0.0076** (0.0037)	0.0014 (0.0054)
lnklr	—	0.0105*** (0.0019)	0.0171*** (0.0030)
lnage	—	0.2187*** (0.0241)	0.1928*** (0.0270)
lngdp	—	—	-0.0827 (0.2889)
lngdppc	—	—	-0.0042 (0.3156)
lnfiscal	—	—	-0.4640 (0.6795)
lnedu	—	—	0.0865 (0.1226)
lnopen	—	—	0.0359 (0.0300)

续表

变量	(1) lnnum_hs8	(2) lnnum_hs8	(3) lnnum_hs8
lnfdi	—	—	0.2103
			(0.4245)
常数项	1.6330***	1.0104***	1.1632
	(0.0090)	(0.0642)	(2.2655)
个体固定效应	Yes	Yes	Yes
时间固定效应	Yes	Yes	Yes
观测值	161756	157760	87490
调整后的 R^2	0.8544	0.8556	0.8234

综上所述，五种检验结果均是稳健的，说明基准回归得出的结论是可靠的，互联网的发展有助于促进出口产品范围的扩大，假设1成立。

四、异质性分析

（一）区分企业所有制

不同所有制企业受互联网的影响程度会存在差异。例如，国有企业受政策战略影响较大，因此互联网的发展可能会对其产生较小的影响，而私营企业和外资企业相对于国企自主性较大，因而互联网的发展可能会对其产生较大的影响。为了探究这一问题，本章在异质性检验过程中将企业所有制分为三种，国有企业、私营企业和外资企业。根据海关数据库中公司代码的排序规则，第6位为企业所有制类型，数字1~9分别表示国有企业、中外合作企业、中外合资企业、外商独资企业、集体企业、私营企业、个体工商户和其他。通过数字提取，将国有企业划入国有企业范畴；将集体企业、私营企业、个体工商户和其他划为私营企业范畴；将中外合作企业、中外合资企业和外商独资企业划入外资企业范畴。见表5-11，列（1）至列（3）分别对应国有企业、私营企业和外资企业。可以看出私营企业和外资企业的出口产品范围与互联网呈显著正相关，对于国有企业而言，lninternet 的估计系数并不显著。私营企业出口产品范围系数和外资企业出口产品范围系数不同。据此可知,互联网渗透率对于企业出口产品范围的影响具有异质性。可能的解释有:与私营企业相比,外资企业无论是对于国外市场的了解还是对于产品需求的把控能力都要更强,而互联网的发展降低了企业搜寻信息的成本,实现了资源更加高效的配置,这为相对于外资企业信息获取渠道较少、较为闭塞的私营企业提供了机会,因此互联网渗透率对于企业出口产品范围的影响具有异质性。

表 5-11 异质性分析(不同所有制)

变量	(1) lnnum_hs8	(2) lnnum_hs8	(3) lnnum_hs8
lninternet	-0.3365 (0.2867)	0.2129** (0.0921)	0.1996*** (0.0734)
lnlabor	0.0823*** (0.0103)	0.0708*** (0.0034)	0.0732*** (0.0034)
lnklr	0.0233*** (0.0073)	0.0273*** (0.0022)	0.0189*** (0.0022)
lnage	0.0215 (0.0154)	0.0629*** (0.0060)	0.0711*** (0.0070)
lngdp	0.0641 (0.2598)	-0.3063*** (0.1102)	-0.1058 (0.0978)
lngdppc	0.3755 (0.3573)	0.2544* (0.1318)	-0.1907* (0.1100)
lnfiscal	0.1087 (0.9307)	-0.2011 (0.3939)	1.2275*** (0.3219)
lnedu	-0.1393* (0.0747)	-0.0796** (0.0352)	-0.0937*** (0.0275)
lnopen	0.0450 (0.0504)	0.0161 (0.0175)	-0.0426** (0.0195)
lnfdi	0.1458 (0.4039)	0.1179 (0.1446)	0.3754*** (0.1158)

续表

变量	(1)	(2)	(3)
	lnnum_hs8	lnnum_hs8	lnnum_hs8
常数项	0.3284	3.8348***	3.1115***
	(2.1034)	(0.9190)	(0.8318)
个体固定效应	Yes	Yes	Yes
时间固定效应	Yes	Yes	Yes
观测值	16341	158032	192226
调整后的 R^2	0.7405	0.7122	0.7510

（二）区分企业规模大小

不同规模企业受互联网影响存在差异。例如，互联网的发展将会显著降低大规模企业的信息搜寻成本，促进大规模企业的资源配置效率提高，而小规模企业的成本节省会相对较弱。为了探究这一问题，本章选取从业人数的中位数为标准，超过中位数的视为大规模企业，少于中位数的视为小规模企业，结果汇报在表5-12。列（1）和列（2）分别表示大规模企业和小规模企业，其中大规模企业有163689家，小规模企业有175343家。从表5-12可以看出，无论是大规模企业还是小规模企业，互联网对于出口产品范围的影响均呈显著的正相关。这说明无论是大规模企业还是小规模企业，互联网的发展均有利于扩大企业的出口产品范围，且这种影响存在异质性。

表5-12 异质性分析（不同规模企业）

变量	(1)	(2)
	lnnum_hs8	lnnum_hs8
lninternet	0.3025***	0.1344*
	(0.0911)	(0.0690)
lnlabor	0.1508***	0.0718***
	(0.0070)	(0.0035)
lnklr	0.0275***	0.0203***
	(0.0030)	(0.0020)

续表

变量	(1) lnnum_hs8	(2) lnnum_hs8
lnage	0.0663***	0.0670***
	(0.0079)	(0.0057)
lngdp	0.0050	-0.5297***
	(0.1076)	(0.0885)
lngdppc	-0.2428**	0.4981***
	(0.1222)	(0.1046)
lnfiscal	1.2203***	0.1946
	(0.3839)	(0.3344)
lnedu	-0.0491	-0.1388***
	(0.0350)	(0.0265)
lnopen	-0.0460**	0.0320*
	(0.0187)	(0.0182)
lnfdi	-0.0034	0.4180***
	(0.1378)	(0.1195)
常数项	1.3999	5.7977***
	(0.9210)	(0.7553)
个体固定效应	Yes	Yes
时间固定效应	Yes	Yes
观测值	163689	175343
调整后的 R^2	0.7577	0.7275

(三) 区分企业区域特征

通常来说，互联网发展程度与当地的经济发展水平呈正相关，即经济发展水平越高，当地的互联网基础设施建设越完善（戴美虹，2019）。为了探究互联网对不同地区出口产品范围的影响程度，本章将我国分为东、中、西部三个地区，其中东部地区包括：北京市、天津市、河北省、辽宁省、上海市、江苏省、浙江省、福建省、山东省、广东省、海南省；中部地区包括：山西省、内蒙古自治区、吉林省、黑龙江省、安徽省、江西省、河南省、湖北省、湖南省、广西壮族自治区；西部地区包括：四川省、贵州省、云南省、西藏自治区、陕西省、甘肃省、青海省、宁夏回族自治区、新疆维吾尔自治区。见表5-13，列（1）至列（3）分别表示东、中、西部地区，可以看出互联网与东部地区出口产品范围呈显著正相关；与中部地区出口产品范围呈显著负相关；对西部地区出口产品范围有负向影响，但未通过显著性检验。这说明互联网的发展会促进东部地区出口产品范围的扩大，促进中部地区的出口产品范围的缩小。产生以上结果可能是因为各地区经济发展水平不同，相对于中部地区，东部地区有着更完善的基础设施和更强大的创新能力。随着互联网的发展，东部地区得到了更大的发展空间，在现在水平的基础上扩大了企业的出口产品范围；而中部地区相比之下基础设施有待完善、创新能力有待提高，所以当互联网有所发展时无法提供强大支撑共同进步且相比于其他企业处于不进则退的状态，因此随着互联网的发展，中部地区出口产品范围缩小。这与《互联网技术与出口企业创新活动》中得出的结论基本一致，即互联网能够促进出口企业创新绩效的提升，且企业内资源重置是互联网影响出口企业创新绩效的作用渠道，当企业所处地区经济发展水平较高时，上述作用效果更为显著。

表5-13 异质性分析（不同地区）

变量	(1) lnnum_hs8	(2) lnnum_hs8	(3) lnnum_hs8
lninternet	0.1941***	-0.8561**	-0.6147
	(0.0588)	(0.3577)	(0.4899)
lnlabor	0.0765***	0.0498***	0.0554***
	(0.0026)	(0.0071)	(0.0178)
lnklr	0.0234***	0.0101**	0.0356***
	(0.0017)	(0.0046)	(0.0096)
lnage	0.0706***	0.0413***	0.0312
	(0.0049)	(0.0115)	(0.0209)
lngdp	-0.0143	-0.5484*	-0.4530
	(0.0909)	(0.2926)	(0.4284)

续表

变量	(1) lnnum_hs8	(2) lnnum_hs8	(3) lnnum_hs8
lngdppc	-0.2310** (0.0953)	1.3777*** (0.4412)	1.7494*** (0.5712)
lnfiscal	0.7411*** (0.2614)	-0.1845 (0.7990)	1.9264 (1.4945)
lnedu	-0.0792*** (0.0228)	0.0420 (0.0735)	-0.1603 (0.1164)
lnopen	-0.0388** (0.0179)	0.0535* (0.0289)	0.0140 (0.0441)
lnfdi	0.3272*** (0.0931)	0.9869** (0.4075)	0.3467 (0.9998)
常数项	2.1350*** (0.8208)	3.9627* (2.2701)	3.9789 (3.5527)
个体固定效应	Yes	Yes	Yes
时间固定效应	Yes	Yes	Yes
观测值	329425	27862	8402
调整后的 R^2	0.7366	0.7083	0.6887

(四) 不同行业

劳动密集型行业是指生产过程主要依靠大量使用劳动力的行业, 资本密集型行业是指需要较多资本投入的行业。本章具体将行业划分为资本密集型行业和劳动密集型行业, 选取资本密集度的中位数作为参照, 见表5-14, 列 (1) 和列 (2) 分别表示资本密集型行业和劳动密集型行业, 可以看出互联网与两个行业出口产品范围均呈显著正相关, 且这种影响存在行业异质性。

表 5-14 异质性分析（不同行业）

变量	(1) lnnum_hs8	(2) lnnum_hs8
lninternet	0.1599*	0.1668**
	(0.0819)	(0.0784)
lnlabor	0.0810***	0.0883***
	(0.0042)	(0.0038)
lnklr	0.0269***	0.0312***
	(0.0036)	(0.0027)
lnage	0.0686***	0.0680***
	(0.0069)	(0.0067)
lngdp	-0.0890	-0.4293***
	(0.0991)	(0.0990)
lngdppc	-0.0443	0.2061*
	(0.1141)	(0.1138)
lnfiscal	1.2596***	-0.0971
	(0.3404)	(0.3766)
lnedu	-0.0924***	-0.0969***
	(0.0293)	(0.0301)
lnopen	-0.0657***	0.0128
	(0.0177)	(0.0192)
lnfdi	0.0807	0.2863**
	(0.1297)	(0.1274)
常数项	2.7735***	5.2574***
	(0.8431)	(0.8407)
个体固定效应	Yes	Yes
时间固定效应	Yes	Yes
观测值	169490	171502
调整后的 R^2	0.7399	0.7511

五、作用机制

(一) 互联网通过推动电子商务发展促进出口产品范围扩大

本章使用两个指标衡量电子商务的发展，分别是有电子商务活动交易的企业比重和有电子商务活动交易的企业数量。由于这两项数据均为省级层面，因此我们选取交叉项的方式对其中的关联进行分析。为了识别互联网对出口产品范围的影响过程，本章分别引入 lninternet_ lnecr（互联网和有电子商务活动交易的企业比重的交叉项）和 lninternet_ lnecp（互联网和有电子商务活动交易的企业数量的交叉项）来探究其作用机制。见表 5-15，列（1）至列（3）使用互联网和有电子商务活动交易的企业比重的交叉项，列（4）至列（6）使用互联网和有电子商务活动交易的企业数量的交叉项。结果显示两交叉项的系数符号均为正且高度显著，说明互联网通过提高有电子商务活动交易的企业比重以及有电子商务活动交易的企业数量来促进企业出口产品范围的扩大，假设 2 成立。

表 5-15 作用机制（互联网通过推动电子商务发展促进出口产品范围扩大）

变量	(1) lnnum_ hs8	(2) lnnum_ hs8	(3) lnnum_ hs8	(4) lnnum_ hs8	(5) lnnum_ hs8	(6) lnnum_ hs8
lninternet	0.3028*** (0.0531)	0.2752*** (0.0529)	0.2141*** (0.0569)	0.3136*** (0.0531)	0.2874*** (0.0528)	0.2376*** (0.0574)
lninternet_ lnecr	0.1659*** (0.0245)	0.2024*** (0.0247)	0.2179*** (0.0303)	—	—	—
lnecr	-0.0806*** (0.0150)	-0.0993*** (0.0151)	-0.1155*** (0.0185)	—	—	—
lnlabor	—	0.0713*** (0.0024)	0.0738*** (0.0024)	—	0.0712*** (0.0024)	0.0738*** (0.0024)
lnklr	—	0.0209*** (0.0014)	0.0225*** (0.0015)	—	0.0209*** (0.0014)	0.0225*** (0.0015)
lnage	—	0.0690*** (0.0045)	0.0661*** (0.0044)	—	0.0689*** (0.0045)	0.0659*** (0.0044)

续表

变量	(1) lnnum_hs8	(2) lnnum_hs8	(3) lnnum_hs8	(4) lnnum_hs8	(5) lnnum_hs8	(6) lnnum_hs8
lngdp	—	—	-0.1943*** (0.0680)	—	—	-0.1885*** (0.0685)
lngdppc	—	—	0.0823 (0.0800)	—	—	0.0715 (0.0803)
lnfiscal	—	—	0.6315** (0.2485)	—	—	0.7824*** (0.2475)
lnedu	—	—	-0.0945*** (0.0207)	—	—	-0.0895*** (0.0205)
lnopen	—	—	-0.0093 (0.0126)	—	—	0.0076 (0.0127)
lnfdi	—	—	0.2401*** (0.0866)	—	—	0.2422*** (0.0865)
lninternet_lnecp	—	—	—	0.0323*** (0.0052)	0.0398*** (0.0052)	0.0397*** (0.0064)
lnecp	—	—	—	-0.0123*** (0.0039)	-0.0160*** (0.0039)	-0.0165*** (0.0047)
常数项	1.5574*** (0.0155)	0.9443*** (0.0233)	3.2775*** (0.5743)	1.5505*** (0.0159)	0.9373*** (0.0236)	3.1653*** (0.5829)
个体固定效应	Yes	Yes	Yes	Yes	Yes	Yes
时间固定效应	Yes	Yes	Yes	Yes	Yes	Yes
观测值	438456	433494	367770	438456	433494	367770
调整后的 R^2	0.7450	0.7473	0.7373	0.7450	0.7473	0.7373

(二) 互联网通过提高企业收入促进出口产品范围扩大

本章选取互联网作为核心解释变量，企业营业收入作为被解释变量进行回归。由表5-16可以得出互联网与企业营业收入具有显著正相关，说明互联网的发展有利于企业营业收入的提高，企业进而可以扩大生产，增加研发投入从而扩大出口产品范围,假设3成立。

表5-16 作用机制(互联网通过提高企业收入促进出口产品范围扩大)

变量	(1) lnincome	(2) lnincome	(3) lnincome
lninternet	2.2199***	2.3345***	2.4509***
	(0.1244)	(0.1156)	(0.1264)
lnlabor	—	0.7095***	0.7492***
		(0.0103)	(0.0114)
lnklr	—	0.2651***	0.2605***
		(0.0066)	(0.0076)
lnage	—	0.8051***	0.7889***
		(0.0208)	(0.0216)
lngdp	—	—	-1.3885***
			(0.1573)
lngdppc	—	—	1.3646***
			(0.1823)
lnfiscal	—	—	2.9025***
			(0.5156)
lnedu	—	—	0.7864***
			(0.0644)
lnopen	—	—	0.8114***
			(0.0335)
lnfdi	—	—	-4.0173***
			(0.2121)
常数项	10.0003***	3.2787***	3.3487***
	(0.0353)	(0.0881)	(1.2583)
个体固定效应	Yes	Yes	Yes
时间固定效应	Yes	Yes	Yes
观测值	438427	433475	367748
调整后的 R^2	0.5685	0.6006	0.5832

第五节　本章小结

近二十年来，我国互联网发展迅速，其中既包括促进外部变革的互联网技术又包含着促进经济发展的互联网环境，互联网的发展为出口贸易的发展创造了新动力。

（1）本章基于现有文献提出三条假设，分别为：互联网的发展有利于扩大出口产品范围；互联网通过推动电子商务发展促进出口产品范围扩大；互联网通过提高企业收入促进出口产品范围扩大。

（2）本章基于2000—2013年的中国海关数据、中国工业企业数据库以及国家统计局的分省年度数据进行匹配，并对理论假说进行了经验检验。结果发现：互联网的发展促进出口产品范围的扩大，互联网的发展无论是对大规模企业还是小规模企业、私营企业还是外资企业、资本密集型企业还是劳动密集型企业的出口产品范围的扩大均具有显著的正向影响，其中大规模企业受互联网的影响程度更大。

（3）互联网的发展促进了电子商务的兴起与蓬勃发展，其改变了企业的经营方式与消费者的消费方式，减少了中间环节，降低了企业与消费者的信息搜寻成本，使企业与消费者双方共同受益，因而通过线上方式的交易促进了出口产品范围的扩大。线上方式使企业扩大了企业销售市场的范围，也有助于企业更加便捷地寻找目标客户，因而提高其营业收入。收入的提高促进企业扩大生产、增加创新研发等从而进一步扩大企业的出口产品范围。

（4）本章的研究具有如下的启示：

第一，根据《世界互联网发展报告2021》，中国互联网发展水平领先全球。互联网的发展促进企业出口产品范围的扩大，当今互联网技术的发展日新月异，为继续保持领先地位，政府应当注重对互联网技术创新研发的投入，着力培养技术人才，为我国互联网带来不竭的发展动力同时也促进我国企业出口贸易的进步；

第二，要完善各地区互联网基础设施，提高互联网普及率与基本用户的比重，为伴随着互联网发展的经济发展提供基础技术的支撑，减少各地区由于互联网发展而产生的数字鸿沟进而作用在经济和贸易领域的可能性，减少企业由于当地基础设施不完善而无法适应互联网环境、享受互联网发展红利的可能性，进而促进共同发展；

第三，互联网的发展促进企业出口产品范围的扩大，但是出口产品范围的扩大并不代表着出口利润率的提升，应在出口范围扩大的基础上，着重关注出口产品的高质量发展，不断拓宽产品竞争护城河，提高产品利润率，不断巩固产品出口优势。

第六章
数字经济对出口企业产品质量的影响分析

数字经济对出口企业产品质量影响背后的逻辑在于技术赋能和实时反馈机制的强化。通过数字化工具和大数据分析，企业能够优化生产流程和质量控制，利用物联网（IoT）设备更精确地监测生产环节，减少缺陷率和提高产品一致性。同时，数字平台和社交媒体使企业能够迅速收集消费者反馈和市场评价，这些实时数据帮助企业及时纠正质量问题并进行产品改进。此外，数字化供应链管理系统提高了供应链的透明度和协同效率，确保原材料质量和生产标准的一致性，从而整体提升产品质量。这些因素共同作用，推动出口企业在数字经济环境下不断提升其产品质量。

第一节　引言

当今世界正加速进入数字经济时代，电子商务成为时代发展的重要引擎。由商务部电子商务和信息化司发布的《中国电子商务报告（2021）》中的数据显示，2021年全国电子商务交易额达到42.3万亿元，同比增长19.6%，其中商品类交易额31.3万亿元，服务类交易达到11万亿元；全国网上零售额达到13.09万亿元，同比增长14.1%，其中实物商品网上零售额是 10.8 万亿元，占社销零售总额比重为 24.5%。农村网络零售额达到 2.05 万亿元，同比增长 11.3%，农产品网络零售额达到 4221 亿元，同比增长 2.8%。此外，跨境电商进出口总额达到 1.92 万亿元，同比增长 18.6%，占进出口总额 4.9%，其中出口 1.39 万亿元，进口 0.53 万亿元；电子商务服务业营收规模达到了 6.4 万亿元，同比增长 17.4%。电子商务从业人数达到了 6727.8 万人，同比增长 11.8%。2021 年电子商务从整体上呈现出九大特点：

第一，新业态、新模式驱动电子商务持续增长。

第二，新消费、新品牌助力线上消费提质扩容。

第三，电子商务助力抗疫保供，保障民生和稳定就业。

第四，电子商务深度赋能产业链、供应链数字化转型。

第五，跨境电商加快向品牌化发展。

第六，数商兴农引领农村电商持续高质量发展。

第七，电子商务市场秩序和营商环境进一步提升。

第八，顶层设计、公共服务及示范体系建设不断强化。

第九，丝路电商在共建"一带一路"中取得了新突破，我国与五大洲、23 个国家和地区建立了双边电商的合作机制，共同加强规划对接、产业促进、能力建设等合作。

关于电子商务，现有文献主要集中在贸易成本、地理距离等贸易便利化层面，关于出口企业产品质量升级驱动力的研究，现有文献从不同视角展开分析。但鲜有文献将电子商务作为企业出口产品质量升级的驱动力进行深入考察。基于此，本章采用电子商务衡量数字经济发展水平，着重探究数字经济对出口企业产品质量的影响，可能的边际贡献如下：

第一，从电子商务视角考察企业出口产品质量升级问题，丰富了出口产品质量升级驱动力的相关研究，形成对现有研究的有益补充。

第二，聚焦微观企业层面考察电子商务的影响，为企业发展电子商务与提升产品质量提供新的经验证据。

第三，验证了电子商务作用于企业出口产品质量升级的具体机制。

第二节 研究设计与变量说明

一、模型设定

本章旨在研究电子商务发展水平对企业出口产品质量升级的影响，设定基准回归模型如下：

$$\ln quality_{it} = \alpha_0 + \alpha_1 \ln ec_{pt} + \alpha_2 X + \mu_i + \lambda_t + \varepsilon_{it} \qquad (6-1)$$

式中，下标 i 表示企业，t 表示年份，p 表示企业 i 所在的省份。$quality$ 表示在 t 时间企业 i 的出口产品质量。ec 为核心解释变量，表示企业 i 所在省份 p 在时间 t 的电子商务发展水平；X 表示一系列控制变量；μ_i 表示企业固定效应，用以控制影响出口产品质量的企业层面、企业—产品层面等不可观测的因素，λ_t 表示时间固定效应，ε_{it} 为随机扰动项。

二、数据与变量说明

本章所用数据来自中国海关进出口数据库和国家统计局，样本的时间跨度为 2013—2016 年。其中企业层面数据来自中国海关进出口数据库，本章对企业层面数据进行初步处理，识别并剔除贸易中间商或代理商。省份层面的数据来自国家统计局地方统计年鉴，形成 31 个省份 2013—2016 年的面板数据。为了排除极端异常值的影响，本章对所有变量进行 1% 的缩尾处理。

（一）电子商务发展水平

本章通过电子商务发展来衡量数字经济发展水平。电子商务发展水平是本章的核心解释变量。具体采用企业拥有网站数来衡量电子商务发展水平，并进行取对数处理。本章研究电子商务对企业出口产品质量升级的影响，因此，电子商务水平的估计系数是本章的关注重点。

（二）企业出口产品质量

企业出口产品质量是本章的被解释变量。现有研究对企业出口产品测算的方法主要有单位价值法（Schott，2004；Hallak et al.，2006；Manova & Zhang，2012）、需求残差法（Khandelwal et al.，2013；Fan et al.，2015；施炳展和邵文波，2014；许家云等；2017）。

本章借鉴 Khandelwal et al.（2013）、施炳展和邵文波（2014）等的需求残差法计算企业出口产品质量。该方法是基于需求端的产品质量估计方法，核心是以 CES 函数为基础推导需求函数，在价格相同的情况下，产品质量与产品需求量呈现正向相关的关系，产品质量越高，产品需求量越高。因此，可以根据产品需求量推算出产品的质量。具体计量模型设定如下：

$$q_{ijmt} = p_{ijmt}^{-\sigma} \lambda_{ijmt}^{\sigma-1} \frac{E}{P} \qquad (6-2)$$

式中，i 表示企业，j 表示产品（HS8 位码），m 表示出口目的国，t 表示时间；q 表示产品需求量，p 表示产品价格，λ 表示产品质量，σ 表示不同产品种类间的替代弹性，参考已有研究的做法，取值为 6。E 是外生给定的消费支出水平，P 为质量调整的价格指数。对公式 6-2 两边同时取对数，得到如下等式：

$$\ln q_{ijmt} = X - \sigma \ln p_{ijmt} + \phi_{ijmt} \qquad (6-3)$$

式中，$X = \ln E - \ln P$，本章通过出口目的国—年份虚拟变量进一步控制出口目的国层面的特定因素（如收入水平、消费支出水平、价格指数等）、仅随时间变化的变量和同时随出口目的国和时间变化的变量。此外，考虑不同 HS 编码产品的价格与数量的不可比，本章在回归方程中纳入产品固定效应。回归模型包含产品质量信息的残差项，具体如下：

$$\ln q_{ijmt} + \sigma \ln p_{ijmt} = \varphi_j + \varphi_{mt} + \varepsilon_{ijmt} \qquad (6-4)$$

根据式 6-4 的回归结果，得到企业—产品（HS8 位码产品）—目的国—年份层面质量数据的具体表达式：

$$quality_{ijmt} = \frac{\varepsilon_{imt}}{\sigma - 1} = \frac{\ln q_{ijmt} - \ln \hat{q}_{ijmt}}{\sigma - 1} \qquad (6-5)$$

本章借鉴施炳展和邵文波（2014）的方法，对产品质量进行标准化处理：

$$r-quality_{ijmt} = \frac{quality_{ijmt} - \min quality_{ijmt}}{\max quality_{ijmt} - \min quality_{ijmt}} \qquad (6-6)$$

式中，$\min quality_{ijmt}$ 和 $\max quality_{ijmt}$ 分别为产品 j 质量的最小值和最大值。最后，对标准化后的产品质量进行加总，计算得到企业—年份层面的出

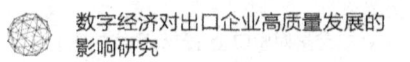

口产品质量。加总方法如下：

$$TQ = \frac{v_{ijmt}}{\sum_{ijmt \in \Omega} v_{ijmt}} \times r\text{-}quality_{ijmt} \qquad (6-7)$$

式中，TQ 表示对应样本集合 Ω 的整体质量，Ω 代表某一层面的样本集合，v_{ijmt} 表示样本的价值量。

（三）控制变量

本章的控制变量主要包括：①经济发展水平（gdp），以人均地区生产总值衡量。②政府财政能力（fin），采用地方一般预算收入与一般预算支出的比值来表示。③资本密集度（kl），采用地区资本形成总额与总人口的比值表示。④人力资本水平（hr），采用各省的平均受教育年限来表示，借鉴沈国兵和储灿（2019）的研究，设定小学、初中、高中、大学的受教育年限分别为6年、9年、12年和16年，用相应学历对应的受教育年限乘以相应学历占人口的比值加权得到省份平均受教育年限。⑤创新水平（$innovation$），采用省份专利申请授权量衡量。⑥对外开放度（$open$），采用各省货物进出口总额占该地区当年生产总值的比重来表示。⑦研发投入强度（rd），采用各省企业 R&D 经费占该地区当年生产总值的比重来表示。⑧外商直接投资（fdi），采用外商直接投资额与地区当年生产总值的比值来表示。所有的控制变量均做取对数处理。

第三节　实证分析

一、基准回归分析

表 6-1 报告了电子商务发展水平与企业出口产品质量的基准回归结果，列（1）、列（2）与列（3）均控制了企业固定效应与年份固定效应。列（1）仅包含电子商务发展水平这一变量，结果显示，$lnec$ 的估计系数在 1% 的水平下显著为正。列（2）进一步加入了经济发展水平、政府财政能力、资本密集度、人力资本水平、创新水平、研发投入强度等控制变量，$lnec$ 的估计系数

仍在1%的水平下显著为正。列（3）在列（2）的基础上进一步加入开放程度、外商直接投资等控制变量，估计结果显示，lnec的符号与显著性未发生变化，说明电子商务将促进了企业出口产品质量的升级，电子商务水平每增加1%，企业出口产品质量将提升0.0033%。控制变量方面，经济发展水平、研发投入强度的估计系数显著为正，说明企业所在省份经济发展水平越高，研发投入强度越大，产品出口质量越高。开放程度、外商投资水平在1%的水平下显著为负，可能的原因是当企业所在省份开放程度与外商投资水平较高时，当地企业对于高质量进口商品的依赖程度较高，企业缺乏自主研发创新的动力，进而不利于出口产品质量升级。

表6-1 基准回归结果

变量	(1) quality	(2) quality	(3) quality
lnec	0.0040*** (0.0009)	0.0030*** (0.0010)	0.0033*** (0.0010)
lngdp	—	0.0396*** (0.0041)	0.0320*** (0.0046)
lnfin	—	-0.0153*** (0.0043)	-0.0076* (0.0045)
lnklr	—	-0.0047** (0.0019)	-0.0045** (0.0019)
lnhr	—	-0.0204*** (0.0075)	-0.0165* (0.0084)
lnrd	—	0.2523** (0.1262)	0.2377* (0.1300)
lnopen	—	—	-0.0154*** (0.0041)
lnfdi	—	—	-0.0090*** (0.0028)
常数项	0.4758*** (0.0097)	0.0764* (0.0444)	0.1601*** (0.0495)

续表

变量	(1) quality	(2) quality	(3) quality
个体固定效应	Yes	Yes	Yes
时间固定效应	Yes	Yes	Yes
观测值	711252	711252	711252
调整后的 R^2	0.7534	0.7534	0.7534

注：括号内为稳健型标准误，在企业层面聚类；***、**、*分别表示在1%、5%和10%的水平上显著，下表同。

二、内生性分析

内生性的主要来源有遗漏变量，双向因果与测量误差，考虑到遗漏变量和双向因果可能对本章的估计结果产生影响，本章采用工具变量法进一步消除内生性带来的估计结果有偏性的可能。具体而言，本章选用企业所在地区互联网普及率作为电子商务发展水平的工具变量，运用两阶段最小二乘法进行估计。估计结果见表6-2。无论是否加入控制变量，lnec 的估计结果均在1%的统计水平下显著为正，与基准回归研究结论一致。此外，回归结果通过了识别不足检验与弱识别检验，说明本章选取的工具变量较为合理，据此可知，本章的估计结果是可信的。

表6-2　两阶段最小二乘估计结果

变量	(1) quality	(2) quality	(3) quality
lnec	0.0145*** (0.0026)	0.0131*** (0.0026)	0.0115*** (0.0024)
lngdp	—	0.0421*** (0.0047)	0.0331*** (0.0052)
lnfin	—	-0.0114** (0.0048)	-0.0035 (0.0050)

续表

变量	(1) quality	(2) quality	(3) quality
lnklr	—	-0.0074*** (0.0022)	-0.0068*** (0.0022)
lnhr	—	-0.0099 (0.0090)	-0.0061 (0.0098)
lnrd	—	-0.0960 (0.1641)	-0.0353 (0.1649)
lnopen	—	—	-0.0176*** (0.0047)
lnfdi	—	—	-0.0094*** (0.0031)
个体固定效应	Yes	Yes	Yes
时间固定效应	Yes	Yes	Yes
观测值	711252	711252	711252
调整后的 R^2	-0.4047	-0.4041	-0.4039

三、稳健性检验

（一）控制省份固定效应

在基础回归基础上，本章进一步控制省份固定效应，以排除省份层面遗漏变量的影响。表6-3汇报了控制省份固定效应的回归结果。与基准回归结果相比，lnec 的符号与显著性水平均未发生实质性改变，表明电子商务促进企业出口产品质量升级。

表6-3 控制省份固定效应的回归结果

变量	(1) quality	(2) quality	(3) quality
lnec	0.0040*** (0.0010)	0.0030*** (0.0011)	0.0033*** (0.0011)

续表

变量	(1) quality	(2) quality	(3) quality
lngdp	—	0.0396*** (0.0047)	0.0320*** (0.0052)
lnfin	—	-0.0153*** (0.0047)	-0.0076 (0.0048)
lnklr	—	-0.0047** (0.0021)	-0.0045** (0.0021)
lnhr	—	-0.0204** (0.0086)	-0.0165* (0.0096)
lnrd	—	0.2523* (0.1422)	0.2377 (0.1459)
lnopen	—	—	-0.0154*** (0.0047)
lnfdi	—	—	-0.0090*** (0.0031)
常数项	0.4758*** (0.0110)	0.0764 (0.0507)	0.1601*** (0.0562)
个体固定效应	Yes	Yes	Yes
省份固定效应	Yes	Yes	Yes
时间固定效应	Yes	Yes	Yes
观测值	711252	711252	711252
调整后的 R^2	0.7534	0.7534	0.7534

（二）在省份层面聚类

由于本章的核心解释变量电子商务发展水平属于省级层面，故本章在省份层面聚类进行稳健性检验。表6-4的回归结果与基准回归结果类似。在省份层面聚类后，电子商务对企业出口产品质量的影响程度和方向没有发生明显变化，均在1%的统计水平下显著为正，从而表明电子商务促进企业出口产品质量升级。

表 6-4 省份层面聚类的回归结果

变量	(1) quality	(2) quality	(3) quality
lnec	0.0040*** (0.0010)	0.0030*** (0.0011)	0.0033*** (0.0011)
lngdp	—	0.0396*** (0.0047)	0.0320*** (0.0052)
lnfin	—	-0.0153*** (0.0047)	-0.0076 (0.0048)
lnklr	—	-0.0047** (0.0021)	-0.0045** (0.0021)
lnhr	—	-0.0204** (0.0086)	-0.0165* (0.0096)
lnrd	—	0.2523* (0.1422)	0.2377 (0.1459)
lnopen	—	—	-0.0154*** (0.0047)
lnfdi	—	—	-0.0090*** (0.0031)
常数项	0.4758*** (0.0110)	0.0764 (0.0507)	0.1601*** (0.0562)
个体固定效应	Yes	Yes	Yes
时间固定效应	Yes	Yes	Yes
观测值	711252	711252	711252
调整后的 R^2	0.7534	0.7534	0.7534

(三) 产品质量计算方法

本章采用不同的产品替代弹性取值计算企业出口产品质量。具体而言，使用产品替代弹性的平均值以及 Broda & Weinstein（2006）的 HS3 位码上的产品替代弹性数据估计出产品质量，进一步进行稳健性检验。表 6-5 汇报了以产品替代弹性取值为4计算得到的企业出口产品质量为因变量的回归结果。结果显示，lnec仍然在1%的统计水平下显著为正，进一步表明电子商务促进企业出口产品质量升级这一结论是稳健的。

表6-5 产品替代弹性取值为4

变量	(1) lnquality4	(2) lnquality4	(3) lnquality4
lnec	0.0044*** (0.0011)	0.0038*** (0.0012)	0.0041*** (0.0012)
lngdp	—	0.0393*** (0.0047)	0.0314*** (0.0052)
lnfin	—	-0.0159*** (0.0047)	-0.0078 (0.0048)
lnklr	—	-0.0043** (0.0021)	-0.0042* (0.0022)
lnhr	—	-0.0170** (0.0085)	-0.0126 (0.0096)
lnrd	—	0.2090 (0.1411)	0.1970 (0.1449)
lnopen	—	—	-0.0164*** (0.0046)
lnfdi	—	—	-0.0094*** (0.0031)
常数项	0.4720*** (0.0115)	0.0698 (0.0514)	0.1559*** (0.0567)
个体固定效应	Yes	Yes	Yes
时间固定效应	Yes	Yes	Yes
观测值	710969	710969	710969
调整后的 R^2	0.7545	0.7546	0.7546

表6-6汇报了以产品替代弹性取值为8计算得到的企业出口产品质量为因变量的回归结果。结果显示，lnec仍然在1%的统计水平下显著为正，进一

步表明电子商务促进企业出口产品质量升级这一结论是稳健的。

表 6-6 产品替代弹性取值为 8

变量	(1) lnquality8	(2) lnquality8	(3) lnquality8
lnec	0.0044*** (0.0011)	0.0038*** (0.0012)	0.0041*** (0.0012)
lngdp	—	0.0393*** (0.0047)	0.0314*** (0.0052)
lnfin	—	-0.0159*** (0.0047)	-0.0078 (0.0048)
lnklr	—	-0.0043** (0.0021)	-0.0042* (0.0022)
lnhr	—	-0.0170** (0.0085)	-0.0126 (0.0096)
lnrd	—	0.2090 (0.1411)	0.1970 (0.1449)
lnopen	—	—	-0.0164*** (0.0046)
lnfdi	—	—	-0.0094*** (0.0031)
常数项	0.4720*** (0.0115)	0.0698 (0.0514)	0.1559*** (0.0567)
个体固定效应	Yes	Yes	Yes
时间固定效应	Yes	Yes	Yes
观测值	710969	710969	710969
调整后的 R^2	0.7545	0.7546	0.7546

表 6-7 汇报了以 HS3 位码上的平均值计算得到的企业出口产品质量为因变量的回归结果。结果显示，lnec 仍然在 1% 的统计水平下显著为正，进一步表明电子商务促进企业出口产品质量升级这一结论是稳健的。

表 6-7 使用 Broda & Weinstein (2006) 测算的替代弹性

变量	(1) lnquality	(2) lnquality	(3) lnquality
lnec	0.0060*** (0.0013)	0.0064*** (0.0014)	0.0066*** (0.0014)
lngdp	—	0.0402*** (0.0055)	0.0328*** (0.0061)
lnfin	—	-0.0112** (0.0056)	-0.0034 (0.0057)
lnklr	—	-0.0070*** (0.0025)	-0.0065** (0.0025)
lnhr	—	-0.0096 (0.0101)	-0.0106 (0.0112)
lnrd	—	0.1288 (0.1692)	0.0784 (0.1743)
lnopen	—	—	-0.0141** (0.0055)
lnfdi	—	—	-0.0116*** (0.0037)
常数项	0.4270*** (0.0136)	0.0005 (0.0600)	0.0872 (0.0662)
个体固定效应	Yes	Yes	Yes
时间固定效应	Yes	Yes	Yes
观测值	710969	710969	710969
调整后的 R^2	0.8020	0.8020	0.8020

四、异质性分析

（一）区分企业所有制

所有制不同的企业，在经营方式、生产效率、管理模式等方面都存在较大差异。考虑到电子商务可能对不同所有制类型企业的出口产品质量升级产生不同影响,本章根据样本数据将企业分为国有企业(soe)、民营企业(poe)和外资企业(fie)三种类型,具体回归结果见表6-8。列(1)、列(2)和列(3)分别展示了国有企业、民营企业、外资企业的回归结果,可以看出电子商务对于民营企业出口产品质量的影响在1%的统计水平下显著为正,对于国有企业和外资企业而言,lnec的估计系数并不显著。如上回归结果意味着电子商务平台对企业出口产品质量的提升体现在民营企业中,可能的解释有:首先,所有制不同的企业在管理决策模式上具有较大差异,而管理决策模式将在很大程度上影响企业对新技术的采纳和运用。相比民营企业,国有企业的管理制度更为僵化,决策程序更为烦琐,这将在一定程度上阻碍其对于新技术的采纳。电子商务是网络通信技术发展的新兴产物,民营企业相对简化的决策模式将有利于其对这一新兴产物的采纳和运用。其次,国有企业、民营企业、外资企业面临的市场环境具有较大差异,进而影响企业通过电子商务提升产品质量的动力。国有企业具有较大的国内市场份额,其本身具有的资源优势与优惠待遇会使其在助推产品质量升级方面缺乏主观动力,而民营企业则面对更为苛刻的市场环境和更加激烈的竞争环境,电子商务发展降低了交易成本,提高了交易效率,也同时意味着竞争的进一步加剧,民营企业要想在激烈的竞争中提升自身竞争力,便具有较强的助推产品质量升级的动力。

表6-8 区分企业所有制的回归结果

变量	(1) quality	(2) quality	(3) quality
lnec	-0.0066 (0.0072)	0.0032** (0.0013)	0.0023 (0.0022)
lngdp	0.0423* (0.0225)	0.0309*** (0.0060)	0.0393*** (0.0117)
lnfin	0.0460 (0.0373)	-0.0115* (0.0059)	0.0029 (0.0085)
lnklr	-0.0094 (0.0112)	-0.0045* (0.0026)	-0.0065 (0.0043)

续表

变量	(1) quality	(2) quality	(3) quality
lnhr	-0.0597 (0.0601)	-0.0104 (0.0110)	-0.0321 (0.0214)
lnrd	0.0190 (1.0519)	0.3986** (0.1811)	-0.1870 (0.2579)
lnopen	0.0154 (0.0251)	-0.0130** (0.0055)	-0.0395*** (0.0098)
lnfdi	-0.0162 (0.0173)	-0.0094** (0.0038)	-0.0058 (0.0061)
常数项	0.1768 (0.2399)	0.1632** (0.0654)	0.1252 (0.1285)
个体固定效应	Yes	Yes	Yes
时间固定效应	Yes	Yes	Yes
观测值	15762	483419	212071
调整后的 R^2	0.7024	0.7501	0.7594

（二）区分企业区域特征

我国经济发展整体呈现区域不均衡的特征。不同企业所在地在市场发展程度、基础设施建设等方面存在巨大差异，考虑到不同地域的企业参与电子商务平台可能会对企业出口产品质量升级产生异质性影响，本章按照企业所在省份将样本划分为东部、中部和西部企业进行分样本回归，估计结果见表6-9。列（1）至列（3）分别展示了东部、中部、西部企业的回归结果，可以看出电子商务对于东部企业出口产品质量的影响在1%的统计水平下显著为正，对于中部企业和西部企业而言，lnec 的估计系数并不显著。据此可知，在不同地域分布的企业中，电子商务平台对于企业产品质量升级的影响具有异质性。可能的原因是：交通便利程度和营商环境是影响出口的重要因素，东部地区交通便利程度较高，市场开放程度较大，本身就吸引着大量出口企业入驻，这些企业由于拥有更优越的地理位置和交通条件、出口贸易活动将更为频繁，电子商务加剧了出口企业间的竞争，企业有提升产品质量以提升自身竞争力的动力。而中西部地区由于受到交通便利程度和贸易便利化程度较低的限制，企业使用电子商务的成本较高，电子商务发展水平较低，对产品质量升级的助推作用不明显。

表6-9 区分企业区域特征的回归结果

变量	(1) quality	(2) quality	(3) quality
lnec	0.0073*** (0.0016)	-0.0008 (0.0042)	-0.0099 (0.0162)
lngdp	0.0458*** (0.0104)	0.0054 (0.0169)	0.0025 (0.0256)
lnfin	-0.0008 (0.0051)	-0.0277 (0.0344)	-0.1024 (0.0822)
lnklr	-0.0114*** (0.0033)	0.0094 (0.0102)	-0.0053 (0.0216)
lnhr	-0.0366*** (0.0137)	-0.0145 (0.0272)	0.0218 (0.0883)
lnrd	0.3740** (0.1608)	1.3649 (1.1334)	6.5989 (4.0935)
lnopen	-0.0171** (0.0075)	0.0351 (0.0290)	0.0779 (0.0547)
lnfdi	-0.0132*** (0.0039)	0.0063 (0.0100)	-0.0151 (0.0642)
常数项	-0.0140 (0.1179)	0.4628*** (0.1550)	0.5455* (0.3214)
个体固定效应	Yes	Yes	Yes
时间固定效应	Yes	Yes	Yes
观测值	628450	59158	19238
调整后的 R^2	0.7552	0.7513	0.7142

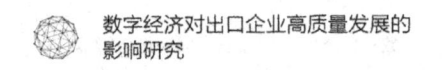

第四节　本章小结

数字经济蓬勃发展背景下,电子商务现已逐渐发展成为国民经济转型发展的新动力。企业利用电子商务实现便利化交易。提升出口产品质量既是扩展我国外贸发展新动能的必然选择,也是顺应我国经济高质量发展趋势的必然要求,在此背景下,本章利用2013—2016年中国海关进出口数据,从电子商务的视角实证研究了电子商务对企业出口产品质量的影响,研究发现,电子商务的发展显著促进了企业出口产品质量升级,在考虑内生性问题和一系列稳健性检验后研究结论依然成立。异质性分析结果表明,电子商务发展对位于东部地区、所有制类型为民营企业的出口产品质量的促进作用更为明显。本章为企业产品质量升级提供新的经验证据,具有一定的实际和政策意义。

第七章
数字经济对出口企业绿色化转型的影响分析

数字经济对出口企业绿色化转型影响背后的逻辑在于数字技术赋能和数据驱动的决策支持,企业通过数字化手段,可以实时监测和优化能源使用、排放量和资源消耗,从而提高生产过程的环保效率。此外,区块链技术提供了供应链的全程透明度和可追溯性,确保每个环节都符合可持续发展标准。数字化平台还使企业能够更容易地获得和分析环境绩效数据,推动绿色创新和环保技术的应用。通过数字经济,企业还能够与全球绿色标准更好地接轨,满足国际市场对环保产品的需求,从而推动其自身的绿色化转型。这些技术和数据驱动的工具共同作用,帮助出口企业在数字经济环境下实现绿色化转型目标。

第一节 引言

全球气候问题愈发凸显,各国政府正逐渐将发展低碳经济和促进绿色贸易作为应对气候变化的重要战略之一。党的十九届五中全会强调坚定不移贯彻创新、协调、绿色、开放、共享的新发展理念,将绿色发展作为关系我国发展全局的一个重要理念摆在突出位置。2022年《政府工作报告》也指出:"持续改善生态环境,推动绿色低碳发展,处理好发展和减排关系。有序推进碳达峰碳中和工作，推进能源低碳转型，推进绿色低碳技术研发和推广应用，加快形成绿色生产生活方式"。绿色转型是一种经济发展策略，旨在减少对资源的高耗费和对环境的不利影响，实现经济的可持续增长。这种转型模式强调通过创新和改变产业结构，使经济增长与资源的有效利用、减少碳排放以及环境保护相协调。绿色发展是实现我国经济高质量发展和推动社会主义现代化事业发展的重要途径，科学的环境治理与经济发展相结合是引导产业转型升级、走绿色发展道路的有效方式。在当前我国生态环境问题突出的状况下，传统的工业发展模式加剧资源消耗、废弃物产生以及大气污染，高投入、高消耗、高排放的发展方式依然存在，如何加快推进生态文明体系建设，推动各行业经济绿色转型发展，这是紧迫而又突出的问题。党的十九大报告提出了构建以市场为导向的绿色技术创新体系，推进经济绿色发展，绿色发展理念是经济绿色转型的重要支撑。随着经济绿色发展理念的不断深入，学术工作者和政策制定者对经济绿色转型发展课题的探索越来越重视。中国社会科学院工业经济研究所课题组（2011）提出了工业绿色转型的基本内涵，即工业迈向能源资源利用集约、污染物排放减少、环境影响降低、劳动生产率提高、可持续发展能力增强的过程即工业经济绿色转型。金涌（2022）强调碳达峰和碳中和已被明确作为重要战略决策。碳中和不仅是未来我国经济增长和转型的主要推动力，也是绿色低碳转型在全面经济活动中的核心要素。此外，技术与制度创新也是作为经济绿色转型的重要支撑，尤其是数字经济的发展催生新技术、新业态的创新，各行业数字化的投入对经济绿色转型的作用又将如何，这是值得我们探索的议题。

当前伴随全球新一轮科技革命的加速演进，数字化发展浪潮席卷全球，数字经济正在蓬勃发展，成为推动各行各业转型升级的重要动力，紧握数字化发展的机遇，对于增强中国经济的核心竞争力和推进经济高质量发展具有重要意义。数字化发展带来相关新兴技术和业态的引入也对转变经济发展方式、推动生态文明建设发挥重要作用。《"十四五"规划和2035年远景目标纲要（草案）》提出，要"激活数据要素潜能，以数字化转型整体驱动生产方式、生活方式和治理方式变革"。党的十九大报告指出，要推动互联网、大数据、人工智能和实体经济深度融合，在绿色低碳及共享经济等领域培育新增长点、形成新动能。根据《中国数字经济白皮书（2021年）》可知，数字经济规模占国内生产总值（GDP）的比重已达1/3。2022年1月12日，国务院发布《"十四五"数字经济发展规划的通知》提出，到2025年，数字经济迈向全面扩展期，数字经济核心产业增加值占GDP比重达到10%，数字技术与实体经济深度融合为主线。

随着数字经济快速发展，新兴的发展模式深度融入各个经济社会领域，引发了生产、生活和治理方式的深刻变革，催生了新的业态和产业。数字经济的迅猛增长在创新效率提升和产业转型方面发挥了重要作用，也为碳减排提供了新的机遇。积极推进绿色技术创新，减少产业碳排放，落实碳达峰碳中和战略，已成为经济绿色化转型的内在需求和必然选择，也是促进生态文明建设的重要举措。数字经济具备环境友好特点，其引发的信息技术革新为全球提供了高效的信息交流途径（李坤望等，2015），推动了经济结构调整，与绿色发展目标相契合。现有研究表明，数字经济的发展不仅通过技术创新提高了传统产业的生产率（黄群慧等，2019），还促进了制造业和服务业融合，数字化引发了现有产业链的重组与重构，与传统产业链相比，更具有安全、稳定和高效的特性（陈晓东和杨晓霞，2021），为我国实现经济绿色发展开辟了新的思路和路径。因此，研究数字经济如何助力经济绿色转型具有极其重要的现实意义。那么，数字化投入是否能够降低产业碳排放强度？数字化投入通过哪些机制影响碳排放？这些问题的回答对实现我国的绿色发展理念及碳减排承诺具有重要的理论价值与现实意义。为此，本章从数字化投入视角衡量数字经济，利用WIOD数据库2000—2014年42个经济体、55个部门的面板数据，实证分析了数字经济对经济绿色化转型的影响效应及作用机制。

本章可能的边际贡献主要在于：

（1）研究视角上，目前已有对数字经济与环境关系的研究多关注数字经济发展对城市环境污染和碳排放的影响，但是关于数字化投入对各行业经济绿色化影响的实证研究的文献还比较匮乏，本章深入分析数字化投入对经济绿色化的影响及作用机制。

（2）从定量分析的角度，建立跨国分行业三维面板模型评估数字化投入对碳排放强度的影响，这种跨国行业数据结构能够提供更多关于数字化投入和碳排放强度的信息，使估计结果更可靠。

（3）本章就不同类型行业、2008年金融危机前后、不同类型经济体的数字投入对碳排放强度的影响进行多角度的异质性分析，以使结论和政策建议更有针对性。

第二节 理论分析与研究假设

经济绿色化转型的核心目标在于协调经济、社会和环境三者之间的有机关系。随着现代信息通信技术如大数据、云计算、物联网和人工智能等的迅猛发展和广泛应用，以及以互联网和大数据为支撑的"新零售"和"新制造"商业模式的涌现，数字经济的崛起显著推动了经济绿色化发展。数字化技术的应用具有效率与成本优势，为低碳转型提供了新动能。首先，数字技术正在与传统高碳排放行业如电力、能源、工业、交通和建筑等融合，数字技术在这些行业中的广泛应用有助于降低生产过程中各环节的能耗，充分释放了数字技术对于绿色转型的积极助推影响。数据要素与传统要素的紧密结合推动了传统生产要素的数字化、网络化和智能化改造，提升了企业的利润率（戚聿东和肖旭，2020）。其次，在数字经济时代下，产品的用户规模超过一定阈值即临界容量后，正向因果循环的反馈机制将带来"马太效应"，持续降低生产的边际成本，显著增强企业的规模经济效应。同时，数字要素与传统生产要素的结合显著降低了资源损耗（郭家堂和骆品亮，2016），提升了企业的资源配置效率，变革了原有资源配置方式，进一步提升了传统生产要素的投入与产出效率。数字经济为企业实现智能绿色制造，提升企业能源管理提供了有力支持，激励了企业的绿色工艺与服务的创新，帮助企业实现了生产效率与碳效率的双重提升。最后，数字经济能够有效赋能企业智能化绿色制造和能源管理，引领绿色工艺和服务创新，实现生产效率与碳效率的双提升，并进一步助力驱动经济绿色化转型（Lyu and Liu，2021）。据此，本章提出以下假设：

假设1：数字化投入对经济绿色化转型具有正向促进作用

数字技术的应用有利于提升要素产出能力。中国经济正在逐步由要素驱动向效率驱动转变，数字经济以互联网为桥梁将产品的生产、分配、交换和消费环节紧密相连，从而降低了交易成本与搜寻成本。这种紧密联系的特性数字经济成为推动绿色经济效率提升的关键（刘强等，2022）。随着数字经济的发展，企业可以模拟生产过程，利用数字化技术带来的智能优化决策、精准控制执行、深度信息感知功能，对企业的经营决策进行了全方位优化，减少企业生产经营过程中不必要的能源消耗与污染排放（张晴和于津平，2020）。数控化、自动化与智能化的生产系统提升了设备的使用精度和生产效率（何文彬，2020）。从而有利于降低生产过程中的碳排放，促进经济绿色化转型。据此，本章提出假设：

假设2：数字化投入可通过提高生产率促进经济绿色化转型

数字经济的发展以大量的数据资源与数字技术为依托，与传统经济不同，其突破了传统的时空限制，加速了知识与技术交流，因此催生了一些与能源消费相关的新技术、新业态，如储能技术、智能电网、新能源产业、智慧交通以及分布式用能系统等，以自身独有的方式逐步深入对能源利用率产生影响。在微观层面，数字经济的发展促进了企业的智能化、柔性化与数字化。企业通过引入并应用数字技术，能够优化原有的生产组织方式与生产流程，捕捉高效产能，淘汰低效或过剩产能，提高能源利用效率（张三峰和魏下海，2019），推动企业绿色低碳转型。在宏观层面，区块链、大数据、人工智能等数字技术在生产领域的应用促使技术、数据和能源等要素紧密联合，进一步增强了针对能源消耗的数字化检测与预测能力，提升了能源要素的配置效率，促进能源要素向使用效率更高的领域或行业流动。这进一步促进了能源产业链的扩展与价值链的提升，有利于清洁能源的规模化使用，从而最终推动经济绿色化转型（张杰等，2022）。此外，数字化转型在新能源开发与电气化进程中也表现出了积极作用。一方面，先进的传感测量、可视化等数字技术帮助确定不稳定的新能源能够释放最大效用，大容量储能技术的应用保障了新能源电力的及时供应（Murshed，2020）。产业数字化转型助推了电气化进程，终端电力能源消耗替代了高碳能源的消耗。据此，本章提出假设：

假设3：数字化投入可通过能源要素替代促进经济绿色化转型

根据刘洋等（2021）的研究，从产业结构的角度来看，数字经济对于产业结构的升级产生了积极的影响，并且这种影响在不同地区之间存在异质性。数字经济通过多种途径，如成本节约、规模经济、精准配置、效率提升以及创新赋能，推动了产业结构升级（祝合良和王春娟，2020）。这一发展趋势也反过来促使产业结构的调整（刘洋和陈晓东，2021）。随着数字技术在产业领域的深入应用，它提升了产业组织的运行效率，推动了传统产业向智能化和绿色化发展转型。新一代数字技术5G、大数据、云计算、人工智能等与传统产业的融合，有助于提高企业智能化、柔性化和低碳化水平。这将进一步促使传统制造业进行升级改造，优化高耗能行业的资源配置效率，降低产能过剩或生产损耗等情况的出现，从而减少生产过程中的碳排放，提高碳排放的绩效。首先，传统产业利用互联网等数字技术对原有资源或要素进行重新整合，优化生产流程，能够提升生产率，从而形成高效的生产模式，推进产业结构升级。其次，数字经济推动了新兴数字产业的发展，数字技术与智能电子信息等传统高新技术产业的融合加速了新兴数字产业的崛起与发展，并且减少了产业对于能源消耗的依赖，促使粗放型发展方式逐步转变为集约型发展，降低了单位产出所需能耗与碳排放。此外，数字经济的发展促进了要素的配置效率与产业间分工。数字经济通过产业融合、产业创新等方式淘汰过剩产能，替代高耗能、高污染传统产业，推动产业转型升级（戚聿东等，2020）。数字经济带来的产业结构红利不仅能够促进经济增长，还有利于提升环境质量，从而提升了绿色经济效率。据此，本章提出假设：

假设4：数字化投入可通过优化产业结构促进经济绿色化转型

数字化技术，如大数据分析、物联网和人工智能，可以帮助企业实时监控和优化资源的使用，减少浪费，提高生产效率。这些技术能够精确控制生产过程，减少能源和原材料的消耗，进而降低环境污染。智能电网和能源管理系统等数字化平台可以高效整合和分配清洁能源资源，提高可再生能源的利用率。数字化技术支持使再生能源稳定供给和高效利用，减少对化石能源的依赖，降低碳排放。数字化技术，如区块链技术，可以确保绿色产品的溯源和认证，增强消费者对绿色产品的信任，推动绿色产业的发展。通过数字化手段，企业可以提高绿色产品的市场竞争力，加速绿色产业的崛起。数字化供应链管理利用大数据和人工智能等技术，能够优化物流和运输路径，减少物流过程中的能源消耗和碳排放。通过数字化优化供应链流程，企业可以实现更高效、更环保的物流管理。物联网和人工智能等数字化技术促进废弃物的回收和再利用，支持循环经济模式。数字化技术可以帮助企业实现资源的高效循环利用，减少废弃物排放和资源浪费，推动经济的可持续发展。大数据和人工智能技术为政府提供准确的数据支持，帮助制定和实施绿色发展政策。通过数字化手段，政府可以更有效地监测环境状况和执行环境政策，确保绿色转型政策的落实和效果。数字化投入通过以上多个方面优化产业结构，推动经济向绿色化转型。这不仅有助于实现可持续发展目标，还能增强经济的竞争力和韧性，为未来发展奠定坚实的基础。

第三节 典型事实分析

在实证检验之前，本章先对经济体各行业数字化与碳排放的特征事实进行定性描述和分析，以得出两者间关系的初步结论，有关变量的测算方法详见变量说明部分。

一、世界碳排放强度总体下降

本章参考许和连等（2017）、何文彬（2020）等研究，基于 WIOD 数据库，将各行业区分为劳动密集型、资本密集型和技术密集型，分别进行碳排放强度的测算，结果表明：不同行业和不同经济体碳排放强度的异质性特征较为明显。见图 7-1，各行业碳排放强度除在两次金融危机期间有较小幅度的上升外，总体呈现明显的下降趋势。其中，食品、饮料和烟草业（C10-C12），纺织品、服装和皮革制品的制造业（C13-C15），木材、木材制品及软木制品的制造（C16）等劳动密集型产业的碳排放强度，以及纸和纸制品的制造业（C17），焦炭和精炼石油产品的制造业（C19），化学品、化学制品的制造业（C20），橡胶和塑料制品的制造业（C22）等资本密集型产业碳排放强度较高，而基本医药产品和医药制剂的制造业（C21），计算机、电子产品和光学产品的制造业（C26），电力设备的制造业（C27），未另分类的机械和设备的制造业（C28），汽车、挂车和半挂车的制造业（C29），其他运输设备的制造（C30）等技术密集型产业碳排放强度较低，其中技术密集型产业总体碳排放强度低于 5% 且不断下降。因此降低碳排放强度、促进经济绿色化转型要重点关注高耗能行业和资本密集行业。

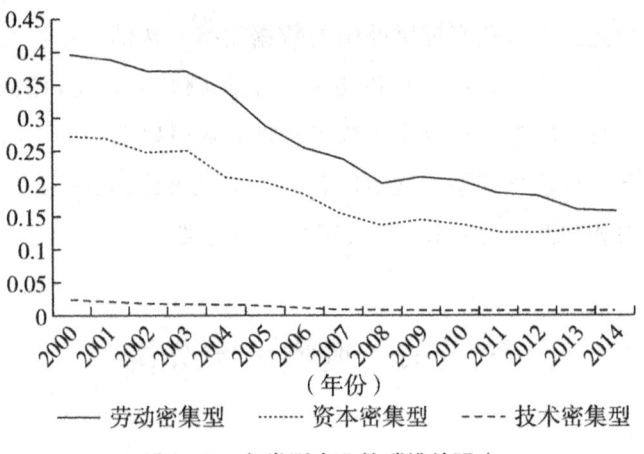

图 7-1　各类型产业的碳排放强度

本章参考联合国发布的《2010年人类发展报告》，将经济体划分为发展中经济体和发达经济体，按经济体类型来看，见图7-2，总体上各经济体的产业碳排放强度都呈较为明显的下降趋势，但发展中经济体的碳排放强度始终高于发达经济体。到2014年，虽然各经济体的碳排放强度差异有收敛的趋势，但各类经济体碳排放强度的关系仍未改变，发展中经济体的碳排放强度仍高于发达经济体。这说明，对于发展中经济体而言产业节能减排还有很长的一段路要走，任务依然艰巨。

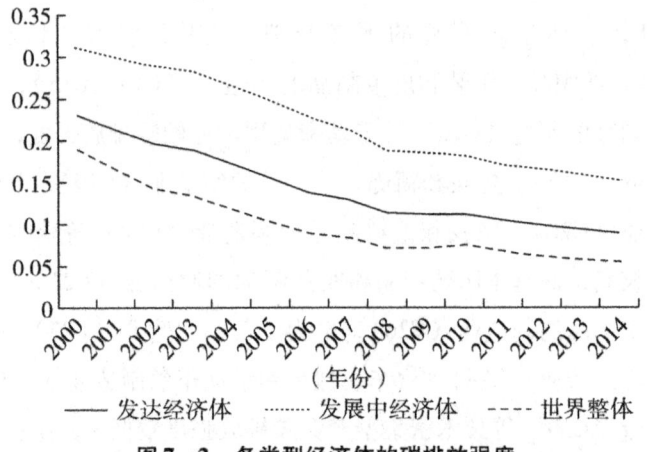

图 7-2　各类型经济体的碳排放强度

二、我国碳排放强度持续下降

与其他经济体类似，中国各行业的碳排放强度总体也呈下降趋势，见图 7-3。分行业来看，化学品、化学制品的制造业（C20），橡胶和塑料制品的制造业（C22）等资本密集型产业的碳排放强度依然很高，计算机、电子产品和光学产品的制造业（C26），电力设备的制造业（C27），汽车、挂车和半挂车的制造业（C29），其他运输设备的制造（C30）等技术密集型产业碳排放强度较低，这说明高碳排放强度产业在不同经济体的行业分布较为稳定。

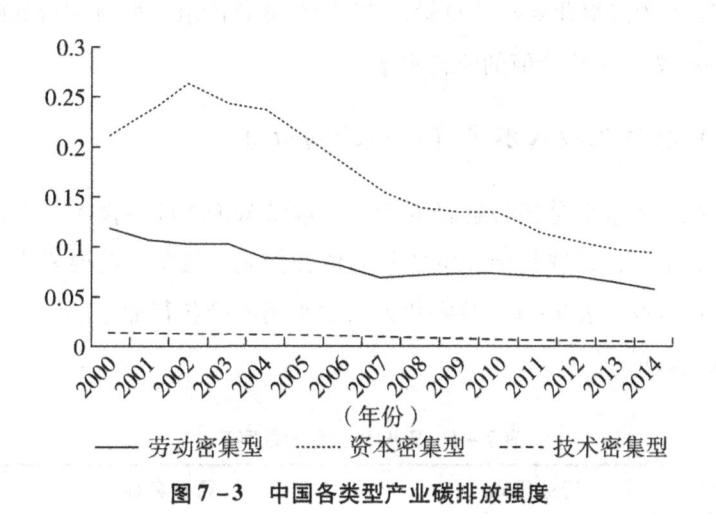

图 7-3 中国各类型产业碳排放强度

第四节 模型构建

一、基准回归分析

基于上述理论分析，本章为考察企业数字化投入对碳排放强度的影响，设定如下普通面板基准回归模型：

$$\ln carbon_{it} = \beta_0 + \beta_1 \ln digitinput_{it} + \beta_2 X + \mu_i + \mu_t + \varepsilon_{it} \quad (7-1)$$

式中，下标 i、t 分别表示个体和年份，$\ln carbon_{it}$ 为二氧化碳排放强度的对数，$\ln digitinput_{it}$ 为数字化投入绝对值的对数。X 表示一系列控制变量，μ_i、μ_t、ε_{it} 分别为个体固定效应、时间固定效应和随机误差项。为避免变量之间的异方差问题，本章对各控制变量（虚拟变量除外）取自然对数处理。

二、变量说明及现状分析

（一）碳排放强度（$\ln carbon_{it}$）

碳排放强度为被解释变量，具体测算公式如下：

$$carbon_{it} = C_{it}/GO_{it} \tag{7-2}$$

式中，c_{it} 为二氧化碳排放总量，GO_{it} 为行业总产值，取对数得到碳排放强度 $\ln carbon_{it}$ 表示单位产值的能耗水平。

（二）数字化投入水平（$\ln digitinput_{it}$）

数字化投入水平是核心解释变量。本章以 WIOD 世界投入产出表和环境账户数据为依据，筛选数字经济要素的依托行业。数字经济要素内容及生产产品的依托行业见表 7-1。数字化投入水平用各国各行业总的数字投入绝对值的对数值表示。

表 7-1 WIOD 包含的数字产业

类别	行业代码	行业名称
数字基础设施	C26	计算机、电子和光学产品制造业
	J61	电信业
	J62_ J63	计算机编程、咨询和相关活动、信息服务活动
数字媒体	J59_ J60	电影、视频和电视节目制作、录音和音乐出版活动；节目和广播活动

（三）投入数字化完全消耗系数

借鉴"服务化"的测算方法，产业投入数字化可利用绝对指标"直接、完全消耗系数"（许和连等，2017）来衡量，考虑到间接消耗问题，本章借鉴黄玉霞等（2019）的研究方法即对服务化投入水平的测量方法，用完全消耗系数法，即用行业对数字要素的直接消耗和间接消耗总和来测度投入数字化水平，全面反映数字化产业通过产业关联效应对各个行业的全面影响，其计算公式如下：

$$digit_{ij} = a_{ij} + \sum_{}^{n} a_{ik}a_{kj} + \sum_{}^{n}\sum_{}^{n} a_{is}a_{sk}a_{kj} + \cdots \qquad (7-3)$$

式中，a_{ij}是行业i对中高强度数字产业j的直接消耗，等号右侧第二项为行业j通过行业k对数字产业i的第一轮间接消耗，第三项为行业j通过行业k和行业s对数字产业i的第二轮间接消耗，以此类推。完全消耗系数法由于考虑了产业对数字投入的间接消耗，因此更能反映产业投入数字化的全貌。

（四）控制变量

本章的控制变量具体包括：①就业规模（$size$）：用就业人数（千人）来表示。②资本密集度（$capital$）：采用名义资本存量与就业人数的比值衡量。③能源消费结构（$constru$）：用非清洁能源消费量占总能源消费量的比重表示。④FDI比重（fdi）：外商投资的深化对能源强度具有显著的溢出效应，但同时也引致了"污染避难所"效应（祝树金等，2020）；现有文献还证实了FDI对碳排放的影响（Perkins和Neumayer，2012），由于无法获取行业层面的FDI数据，因此用各经济体以2010年为基期的实际FDI占GDP的比重表示。⑤环境规制强度（$envreg$）：各经济体单位GDP能源消费密度表示。

三、数据来源

本章数据主要来自世界投入产出数据库（WIOD），使用世界投入产出表和环境账户资料测算数字化投入水平和碳排放强度，样本期为2000—2014年，各行业增加值和资本存量数据来自WIOD数据库中2014年的社会经济账户，FDI数据来自联合国贸易和发展会议网站，构建环境规制强度所需的数据来自世界银行WDI数据库。变量的描述性统计结果见表7-2。

表 7-2 主要变量的描述性统计

变量	样本数	均值	标准差	最小值	最大值
lcarbon	32792	-4.2603	2.5937	-15.4419	3.5983
ldigitinput	32820	4.6820	2.5759	-14.6712	13.5721
lcapital	32796	5.5508	2.3876	-4.0000	16.1090
lsize	33246	4.1038	2.3004	-4.6052	12.4910
lconstru	32652	-0.9504	0.8875	-15.4944	0.0000
lfdi	30536	0.1658	3.0940	-11.8349	12.0266
lenvreg	33825	2.2647	0.3615	1.2381	3.0964

第五节 实证结果与分析

一、基准回归分析

表 7-3 报告了基准回归结果。第（1）列为仅考虑核心自变量的估计结果，数字化投入 ln digitinput 的估计系数在 1% 的水平下显著为负，表明在样本时期内数字化投入有助于降低二氧化碳排放强度。第（2）列为进一步控制个体、年份效应后的固定效应模型估计结果，ln digitinput 的回归系数同样在 1% 的水平下显著为负，估计系数的绝对值略微减小。第（3）列加入了一系列控制变量，数字化投入水平的估计系数为 -0.211，符号及显著性均未变化，表明在控制其他变量不变的情况下，数字化投入每提升 1%，碳排放强度将会显著降低约 21.11%。第（1）至（3）列结果显示，无论是否加入个体、时间固定效应和控制变量，核心解释变量数字化投入（ln digitinput）对碳排放强度（ln carbon）的影响均显著为负，说明数字化投入总体上抑制了产业的碳排放。从理论上来看，随着产业数字化投入的增加，在依托强大数字技术的基础上，能够在很大程度上突破传统知识与技术交流的时空约束，促进各类资源要素优化配置，加快推动传统产业数字化、网络化、智能化转型，在引致产业结构调整与升级的同时增加对清洁型能源的消费需求，使得结构优化的能源消费减速效应逐渐发挥，产业结构碳排放脱钩效应不断显现，从而推动经济绿色化转型（张杰等，2022）。

表7-3 基准回归结果

变量	(1)	(2)	(3)
ln digitinput	-0.2707***	-0.2407***	-0.2111***
	(0.0054)	(0.0355)	(0.0313)
常数项	-2.9895***	-3.1300***	-1.2985***
	(0.0288)	(0.1662)	(0.4515)
lcapint	—	—	-0.1437***
			(0.0354)
lsize	—	—	-0.0888*
			(0.0498)
lconstru	—	—	0.0170
			(0.0366)
lfdigdp	—	—	-0.0014
			(0.0081)
lenvreg	—	—	-0.3172**
			(0.1366)
个体固定效应	No	Yes	Yes
时间固定效应	No	Yes	Yes
观测值	32698	32698	29846
调整后的 R^2	0.0715	0.9551	0.9544

注：括号中为稳健标准误的 t 值；*、**、*** 分别表示在10%、5%、1%的水平下显著。下表同。

二、内生性分析

前文的基本回归模型控制了非观测的时间固定效应、企业固定效应等，在一定程度上可以缓解遗漏变量引起的内生性问题。但考虑到控制变量也可能与碳排放强度之间具有逆向因果关系，如规模越大的行业可能越有能力降低碳排放。因此为了更严格地控制变量之间的内生性问题，有效地解决数字化投入和碳排放强度之间的反向因果关系，更准确估计数字化投入对碳排放的影响，本章利用数字化投入滞后一期的一次项和二次项作为工具变量进行二阶段最小二乘估计（2SLS）。表7-4报告了工具变量的回归结果，第（1）（2）列为以数字化投入的一阶滞后项作为工具变量的回归结果，第（3）（4）列为以数字化投入二阶滞后项作为工具变量的回归结果，其中第（1）（3）列未加入控制变量。结果显示，工具变量的回归结果与基准回归结果一致，数字化投入仍然显著降低了碳排放强度。同时，为检验工具变量的有效性，本章对工具变量分别进行识别不足和弱工具变量检验，结果均在1%的水平上拒绝了"工具变量识别不足"和"存在弱工具变量"的原假设，说明工具变量的选取是合理的，在考虑了模型潜在的内生性后，本章主要结论仍然成立。

表7-4 工具变量回归结果

变量	滞后一期		滞后一期的二次项	
	（1）	（2）	（3）	（4）
ln *digitinput*	-0.1830***	-0.1893***	-0.1401***	-0.1082**
	(0.0314)	(0.0354)	(0.0406)	(0.0431)
控制变量	No	Yes	No	Yes
个体固定效应	Yes	Yes	Yes	Yes
时间固定效应	Yes	Yes	Yes	Yes
观测值	30513	27781	30513	27781
Kleibergen-Paap rk LM 统计量	424.436***	423.266***	353.453***	328.539***
Kleibergen-Paap Wald rk F 统计量	16000***	12000***	295.618***	391.028***

三、稳健性检验

（一）替换被解释变量

为进一步验证回归结果的可靠性，将基准回归被解释变量替换为行业单位增加值的碳排放量。表7-5第（2）列显示，数字化投入 ln *digitinput* 的估计系数仍显著为负，表明模型结果是稳健的。

（二）缩尾处理

考虑到数据统计中的偏差会导致企业数据出现异常值，进而影响本章的实证结果，因此本章对全部变量进行1%和5%分位上的双边缩尾处理并重新回归分析，结果见表7-5第（3）（4）列，数字化投入 ln *digitinput* 的估计系数均仍显著为负，说明基准回归结果是稳健的。

（三）缩短回归样本时间维度

借鉴樊轶侠和徐昊（2021）的做法，本章将实证回归的样本时间维度缩短至最近3年（即2012—2014年）进行重新回归。表7-5第（5）列显示，数字化投入 ln *digitinput* 的估计系数仍然在1%的水平上显著为负，与基准回归结果一致，强化了本章的核心结论。

（四）加入时间趋势变量与控制变量的交乘项

张杰等（2022）认为在实证模型中加入控制变量与时间趋势变量交乘项，能够有效地控制被解释变量影响因素的时间趋势，在较大程度上缓解其他因素随时间变动而引致的估计偏误。故参照其做法，在基准模型中纳入时间趋势变量与控制变量的交乘项，结果见表7-5第（6）列，可以发现，在加入上述交乘项后，数字化投入对行业碳排放强度影响系数的显著性及方向均未发生实质性变化，进一步表明基准结果是稳健的。

表7-5 稳健性检验

变量	替换被解释变量		缩尾处理		更改样本期	加入时间趋势变量与控制变量的交乘项
	(1)	(2)	(3)	(4)	(5)	(6)
ln *digitinput*	-0.1832***	-0.1007***	-0.1901***	-0.1985***	-0.1832***	-0.1853***
	(0.0300)	(0.0372)	(0.0299)	(0.0294)	(0.0300)	(0.0305)
常数项	-1.5391***	-2.6461***	-1.6035***	-1.5080***	-1.5391***	-1.6313***
	(0.4433)	(0.2270)	(0.4562)	(0.4740)	(0.4433)	(0.4790)
控制变量	Yes	Yes	Yes	Yes	Yes	Yes
$t \times$ 控制变量	No	No	No	No	No	Yes

续表

变量	替换被解释变量		缩尾处理		更改样本期	加入时间趋势变量与控制变量的交乘项
	(1)	(2)	(3)	(4)	(5)	(6)
个体固定效应	Yes	Yes	Yes	Yes	Yes	Yes
时间固定效应	Yes	Yes	Yes	Yes	Yes	Yes
观测值	29846	29846	29846	29846	29846	29846
调整后的 R^2	0.9484	0.9555	0.9484	0.9484	0.9484	0.9557

四、异质性分析

（一）行业类型

行业的碳排放行为可能会因为行业类型的不同而存在差异，一般来讲污染密集行业的碳排放密集度更高。各行业在生产技术与能源消耗方面存在较大差异。考虑到不同行业的数字化投入对于碳排放的影响可能不同，本章从耗能类型与要素密集类型两个角度展开异质性分析。

第一，本章以行业的要素密集特征作为分组依据，将各行业划分为劳动密集型、资本密集型和技术密集型行业并进行分样本回归。表7-6第（1）至（3）列分别汇报了劳动密集型行业、资本密集型与技术密集型行业的估计结果，发现各密集型行业的数字化投入水平的估计系数均在1%的水平下显著。而资本密集型行业和劳动密集型行业的数字化投入水平的估计系数绝对值较大，技术密集型行业的数字化投入水平的估计系数绝对值较小，高技术行业数字化投入对降低碳排放强度的效果并不明显，这可能是因为高技术行业的特性较为环保，而且在开展新技术研发和创新时更加倾向于采用低碳清洁技术（黄凌云等，2017）。这使得其在减少碳排放方面的潜力相对有限。因此高技术行业数字化投入对其碳排放强度的影响并不明显。而资本密集行业如前文分析多为高耗能行业，碳排放强度普遍高于劳动密集型行业和技术密集型行业，碳减排的空间更大。对资本密集型行业的作用较小，说明数字化投入显著抑制了劳动密集型行业的碳排放。劳动密集型行业主要从事加工、组装、制造等活动，处于产业链的中游水平，与其产业链分工地位相对应的数字化投入对于其生产活动和碳排放的影响效应十分显著。

第二，本章参考《2010年国民经济和社会发展统计报告》将55个行业划分为高耗能行业和中低耗能行业并分别进行检验，回归结果见表7-6列（4）和列（5）。列（4）（5）的数字化投入水平估计系数均在1%的水平下显著，同时列（4）中数字化投入水平的系数绝对值明显大于列（5），说明高耗能行业通过数字化投入对碳排放强度的降低作用更突出，这主要是因为高耗能行业在能源消费结构和生产技术等方面的优化空间更大，而数字化转型能较好地驱动高耗能行业在这些方面进行改进，因此能较大幅度地降低其碳排放强度，促进经济绿色化转型。

表7-6 行业异质性检验

变量	（1）劳动密集型	（2）资本密集型	（3）技术密集型	（4）高耗能	（5）中低耗能
$\ln digitinput$	-0.2143*** (0.0540)	-0.2759*** (0.0858)	-0.1767*** (0.0384)	-0.2845*** (0.0916)	-0.1999*** (0.0330)
常数项	-1.1381 (0.7485)	1.3491 (0.8426)	-2.4695*** (0.6857)	1.9285** (0.9031)	-1.6384*** (0.4907)
控制变量	Yes	Yes	Yes	Yes	Yes
个体固定效应	Yes	Yes	Yes	Yes	Yes
时间固定效应	Yes	Yes	Yes	Yes	Yes
观测值	12806	4000	13040	2840	27006
调整后的 R^2	0.9451	0.9696	0.9409	0.9766	0.9494

（二）时间段

2008年全球金融危机给各国各行业造成了不同程度的冲击，数字化转型成为行业转型新的突破口。因此本章考察了金融危机发生前后数字化投入对碳排放强度的差异性影响，表7-7第（1）（2）列报告了回归结果，结果表明2008年之后数字化投入降低碳排放强度的效应更明显。全球金融危机以来，世界经济处于增长乏力状态，需要寻找重现繁荣的增长点。纵观世界经济发展史，每一次世界经济的强劲复苏与发展，都伴随着技术上的突破和相应的产业革新。历史表明，真正推动世界经济复苏和突破性发展的力量发端于供给侧，通过供给侧技术水平的提升来产生经济发展动力。方兴未艾的数字经济由于其高技术、高渗透、高融合、高增长等特性日益成为推动世界经济复苏、繁荣的重要动力（蓝庆新，2020）。

（三）经济体异质性

世界各国的资源禀赋不尽相同，并且当前所处的发展阶段也有所不同，从而导致各国在数字经济发展水平与经济绿色化水平上均存在差异。总体来看，与发展中国家相比，发达经济体的数字经济发展水平与绿色化水平相对较高。因此，不同经济体中数字经济对于经济绿色化转型的影响可能存在差异。为了探究不同经济体中数字化投入对于碳排放的影响，本章参考联合国发布的《2010年人类发展报告》，将经济体划分为发展中经济体和发达经济体并分别进行回归，结果见表7-7中的列（3）和列（4）。数字化投入水平（ln $digitinput$）的估计系数均在1%的水平下显著为负。同时，发达经济体中数字化投入对碳排放强度的抑制作用更大。这可能是由于数字经济的发展受到多重因素的影响，各经济体数字经济的发展水平存在差异，由此导致了数字鸿沟的出现（张勋等，2019）。发达国家数字经济发展水平较高，受益于数字经济的快速发展，这些国家享受到了更多的数字经济带来的发展红利，加速了自身的绿色化发展（韩晶和陈曦，2022）。发达经济体的数字经济发展水平、数字化人才实力和资金实力等方面具备更大优势，这将有利于数字经济对经济绿色化转型促进效应的充分释放，从而对产业碳减排产生更为积极显著的影响，数字化投入对碳排放的抑制作用更加显著。而发展中经济体数字经济发展相对滞后，其对经济绿色化转型的促进作用较弱。因此发达经济体中数字化投入对经济绿色化转型的促进作用更明显。

表 7-7 时间和经济体异质性分析

变量	（1）2008年之后	（2）2008年之前	（3）发达经济体	（4）发展中经济体
ln digitinput	-0.2373***	-0.2191***	-0.1894***	-0.1747***
	(0.0299)	(0.0283)	(0.0399)	(0.0419)
常数项	-1.1658*	-1.2899***	-2.7394***	-2.0593***
	(0.6183)	(0.3207)	(0.8214)	(0.5838)
控制变量	Yes	Yes	Yes	Yes
个体固定效应	Yes	Yes	Yes	Yes
时间固定效应	Yes	Yes	Yes	Yes
观测值	11903	17942	20017	9829
调整后的 R^2	0.9898	0.9728	0.9476	0.9506

（四）数字产业

按照表 7-1 区分数字产业和非数字产业，并展开分组检验。结果见表 7-8 第（1）（2）列，数字化投入（ln digitinput）的估计系数均显著为负，而数字产业中数字化投入的估计系数绝对值更大，表明数字化投入对降低数字产业碳排放强度的效果更强。数字产业更易适应数字化带来的生产流程、组织模式变革，强化协同创新效应以提升企业生产率，从而减少能源消耗。

（五）劳动要素技能

根据互补机制理论的观点，只有在技术优化与人力资本相互匹配时，才能呈现出互补效应，而劳动力技能作为与数字要素相互融合的重要互补因素，共同影响着企业的绩效表现。本章采用劳动力价格作为劳动要素技能的代理变量（LP），加入劳动要素技能变量与数字化投入水平（ln digitinput）交叉项进行回归，回归结果见表 7-8 第（3）列，数字化投入水平（ln digitinput）估计系数和交叉项的估计系数均在1%的水平下显著为负，说明数字化投入更显著地抑制了较高劳动要素技能的行业的碳排放。可能的原因是高技术劳动力具有更优数据分析能力、问题解决能力，数字化转型可代替部分程序化工作，而高技能劳动力更易发挥比较优势更好地完成非程序化工作（何小钢等，2019）。随着科技人才的增加，为绿色技术创新发展提供了必要的人才支持，从而促进绿色技术水平的提升和不断更新，为碳减排提供了创新型的绿色技术支持，进一步降低碳排放量（郭丰等，2022）。因此，数字化投入在高人力资本的行业更能显著发挥碳减排效应。

表7-8 数字产业和劳动要素技能的异质性分析

变量	(1) 数字产业	(2) 非数字产业	(3) 劳动要素技能
ln digitinput	-0.3352*** (0.0981)	-0.1861*** (0.0307)	-0.1259*** (0.0341)
ln digitinput × LP			-0.2143*** (0.0342)
常数项	-4.7885** (1.9276)	-1.2954*** (0.4836)	-2.1975*** (0.5828)
控制变量	Yes	Yes	Yes
个体固定效应	Yes	Yes	Yes
时间固定效应	Yes	Yes	Yes
观测值	2149	27697	14874
调整后的 R^2	0.8852	0.9495	0.9687

第六节 机制检验

前面实证结果分析表明，数字化投入能够显著抑制碳排放强度。在此基础上，为了进一步考察数字化投入降低碳排放强度的作用机制，根据假设2-4，本章主要考虑提高生产效率、促进产业结构优化和数字化转型对能源要素的替代来降低碳排放强度三条途径并进行了检验。对于生产率本章用资本生产率（vk）来控制生产率对碳排放强度的影响，并用各行业实际增加值与实际固定资本存量之比表示。能源系数（energy）用各行业单位产值的能源消耗量表示。对于结构优化路径,其内涵是指投入数字化带来的各行业要素投入结构的优化,因此不能用宏观的产业结构指标来衡量。受周彬和周彩(2019)机制检验思路的启发,我们以 2014 年各行业平均投入数字化水平中位数进行分组,投入数字化水平低于中位数的行业为低投入数字化行业,并设置虚拟变量 low =1 来表示。其内在逻辑是,某行业的投入数字化水平越高,则其要素结构越优化。因此,若检验结果关键变量符号为负,而交叉项符号为正,则说明高投入数字化行业的投入数字化对降低碳排放强度的作用更大,即投入数字化带来的结构优化可强化其对碳排放强度的积极影响,结构效应渠道成立。

具体做法本章参考许家云等(2017)的研究,在模型(1)中分别加入资本生产率(vk)、能源系数($energy$)、结构优化虚拟变量(low)与解释变量数字化投入($\ln digitinput$)的交叉项。回归结果见表 7–9。列(1)(2)是对生产率提升路径的检验,结果显示无论是否引入控制变量,数字化投入($\ln digitinput$)的估计系数均在1%的水平下显著为负,且系数分别为 -0.2008 和 -0.2073,说明数字化投入有助于降低碳排放强度。资本生产率和数字化投入交叉项的回归系数均在1%的水平下显著为负,说明生产效率越高,数字化投入对降低碳排放强度的作用越大,从而生产率提升路径成立。第(3)(4)列是对能源要素替代路径的检验,数字化投入($\ln digitinput$)的估计系数均在1%的水平下显著为负,且估计系数分别为 -0.2662 和 -0.2244,说明数字化投入有助于降低碳排放强度,而数字化投入和能源系数的交叉项在1%的水平下显著为正,说明能源系数下降可以放大数字化投入降低碳排放强度的作用。数字化投入使数字部分替代了能源要素,能源系数的降低强化了数字化投入对碳排放强度的抑制作用,说明能源要素替代路径成立。第(5)(6)列显示,数字化投入($\ln digitinput$)的估计系数均显著为负,交叉项的回归系数显著为负,说明数字化投入对降低碳排放强度的积极作用在低投入数字化行业较大,而在高投入数字化行业即结构优化幅度更大的行业,其降低碳排放强度的效果更小,因而结构效应渠道不成立。可能的原因在于 WIOD 数据库不包括 2014 年之后的数据,现有时间窗口较短,由于难以在短时间内实现产业结构的优化升级,因此产业结构升级路径不成立。

表7-9 数字化投入影响碳排放强度的机制检验

变量	生产率提升		能源要素替代		结构优化	
	(1)	(2)	(3)	(4)	(5)	(6)
ln digitinput	-0.2008***	-0.2073***	-0.2662***	-0.2244***	-0.2091***	-0.2226***
	(0.0270)	(0.0295)	(0.0369)	(0.0403)	(0.0274)	(0.0299)
ln vk × ln digitinput	-0.0397***	-0.0545***	—	—	—	—
	(0.0077)	(0.0083)				
ln en × ln digitinput	—	—	0.1059***	0.1034***	—	—
			(0.0197)	(0.0198)		
low × ln digitinput	—	—	—	—	-0.0122***	-0.0127***
					(0.0027)	(0.0027)
常数项	-3.3740***	-1.2355**	-1.7806***	0.4166	-3.2083***	-1.4820***
	(0.1262)	(0.4816)	(0.1556)	(0.5321)	(0.1302)	(0.4713)
控制变量	No	Yes	No	Yes	No	Yes
个体固定效应	Yes	Yes	Yes	Yes	Yes	Yes
时间固定效应	Yes	Yes	Yes	Yes	Yes	Yes
观测值	32611	29846	18051	16899	32698	29846
调整后的 R^2	0.9501	0.9490	0.8848	0.8879	0.9491	0.9485

第七节 本章小结

作为我国重要的战略性新兴产业，数字经济是推进科技创新、培育新的增长点、发展形成新动能、实现绿色发展的重要机遇。绿色经济发展是破解中国资源环境约束，加快经济发展方式转变的必然要求。新常态下，数字经济作为经济发展的核心动力，在推动绿色经济发展中起着重要的作用。在"双碳"目标背景下，数字经济作为经济发展的新动能，数字化投入能否驱动经济绿色化转型，数字化投入通过何种机制影响产业碳排放强度？这些问题的回答对实现我国的绿色发展理念及经济绿色化转型具有重要的理论价值与现实意义。鉴于此，本章基于2000—2014年42个经济体、55个行业的面板

数据,对数字化投入对经济绿色化转型的影响效应和作用机制进行了实证分析,得出如下结论:

(1)数字化投入对碳排放具有显著的抑制作用,数字化投入呈现"绿色效应",是经济绿色化转型的重要力量,这一结论在考虑变量的内生性、更换变量指标、变量缩尾处理和更改样本期后仍然稳健。

(2)提高生产率、对能源要素替代是数字化投入抑制碳排放的作用机制,对经济绿色化转型有重要作用。

(3)异质性分析表明:①数字化投入对资本密集型行业、劳动密集型行业和高耗能行业碳排放强度的抑制作用明显大于技术密集型行业和中低耗能行业;②2008年金融危机之后,数字化投入的碳减排效用比之前更明显;③数字化投入对发达经济体的绿色效应优于发展中经济体;④数字化投入对数字产业和较高劳动要素技能行业碳减排的效果更明显。

第八章
结论与展望

通过上述的论证分析与总结，我们可以得知，数字经济通过技术赋能、信息透明和数据驱动，有效地推动了出口企业在产品范围、质量提升以及绿色化转型等方面的变革。通过实时市场洞察和精准的生产管理，企业能够更加灵活地适应全球市场需求，同时优化生产效率和环保标准。在这一数字化浪潮中，出口企业不仅提升了竞争力和市场响应能力，更迈向了可持续发展的未来。数字经济不仅是全球贸易的新引擎，更是企业创新和转型的强大助推器。通过对具体问题进行量化分析，可以得出具有实践意义的结论。

第一节　研究结论

本书研究聚焦于数字经济推动中国出口贸易高质量发展问题，在现有研究的基础之上，分别从互联网、电子商务、数字化投入三个维度刻画数字经济发展程度，从出口产品范围、出口产品质量、经济绿色化转型三个维度刻画出口企业高质量发展，从数据层面探究了数字经济影响出口企业高质量发展的现实逻辑，从理论层面剖析了数字经济影响出口企业高质量发展的理论基础，从经验层面验证了数字经济对出口企业高质量发展的促进作用。具体而言，首先，从与数字经济相关的研究、与贸易高质量发展相关的研究和与数字经济影响贸易高质量相关的研究三个方面系统梳理现有文献；其次，搭建数字经济影响出口企业高质量发展的理论框架，并对数字经济和我国对外贸易发展的典型事实进行分析。然后，基于多维度数字经济刻画指标和出口企业高质量发展度量指标，综合运用固定效应模型、工具变量方法分析数字经济对出口企业高质量发展的因果效果和作用机制，最终得出如下结论：

1. 互联网的发展显著提高企业出口产品范围

这一结果对各种模型设定方式、数据处理方式以及工具变量检验保持稳健。异质性分析发现，互联网对民营企业和外资企业、东部地区企业、大规模企业的影响更显著或更大。从作用机制来看，一方面，互联网的发展有利于促进企业通过线上方式发展电子商务，促进市场规模的扩大，进而扩大出口产品范围；另一方面，互联网水平的提高有利于促进企业提高收入水平，收入的提高有利于企业研发新产品，扩大产品范围。

2. 电子商务的发展有利于提高出口产品质量

这一结果对各种聚类方法、固定效应设定、不同的质量弹性设定以及工具变量方法保持稳健。异质性分析发现，电子商务主要影响民营企业和外资企业、东部地区企业、低质量产品提高出口产品质量。从作用机制来看，电子商务主要通过提高进口中间品种类和质量提高企业出口产品质量。

3. 数字化投入对碳排放具有显著的抑制作用

数字化投入呈现"绿色效应"，是经济绿色化转型的重要力量，而提高生产率、对能源要素替代是数字化投入抑制碳排放的作用机制，对经济绿色化转型有重要作用；通过数字化投入，资本密集型行业、劳动密集型行业和高耗能行业碳排放强度明显小于技术密集型行业和中低耗能行业；不断扩大数字化投入会增加碳排放减排效果。

第二节　政策启示

本书从微观角度和宏观角度出发深入分析了数字经济对出口企业高质量发展的促进作用，本书的结论有以下几方面的政策启示：

1. 加快完善数字基础设施，是提升数字经济推动出口企业高质量发展的驱动力

互联网的发展通过促进电子商务的蓬勃发展和企业收入的提高来扩大出口企业的产品范围。因此，为了推动出口企业高质量发展，政府应进一步加快完善互联网基础设施，提高互联网普及率与基本用户的比重，减少各地区由于互联网发展而产生的数字鸿沟。尽管目前我国互联网发展在全球处于领先水平，但仍需要政府及社会各界齐心协力，注重对互联网技术创新研发的投入，减少地区间的数字鸿沟，着力培养数字技术人才，为我国互联网发展带来不竭动力。同时，互联网的发展促进了出口企业产品范围的扩大，但是出口产品范围的扩大并不代表着出口利润率的提升，应在出口产品范围扩大的基础上，着重关注出口产品的高质量发展，不断拓宽产品竞争护城河，提高产品利润率，不断巩固产品出口优势。

2. 进一步鼓励和支持数字平台发展，助力更多中小企业走向世界

研究发现电子商务的发展显著促进了出口企业产品质量升级，这种促进作用对位于东部地区、所有制类型为民营企业的出口企业更为明显。数字平台具有便捷性、普惠性和创新性等特征，赋能更多中小企业参与国际贸易，在激烈的全球市场竞争中，倒逼企业提升产品质量。因此，政府应进一步鼓励和支持电子商务的发展，助力更多中小企业走向世界。《中华人民共和国国民经济和社会发展第十四个五年规划和2035年远景目标纲要》明确提出，要全面提高对外开放水平，推进贸易和投资自由化便利化，持续深化商品和要素流动型开放，稳步拓展规则、规制、管理、标准等制度型开放。在此背景下，数字平台的建设成为我国高水平对外开放的重要抓手。一方面，政府应进一步创新平台经济和数字贸易综合监管模式，鼓励和支持数字平台发展。同时，积极参与数字贸易国际规则制定。通过在多边平台上积极参与讨论和合作，为发展中国家发声，提升在国际上的代表性和话语权。在数字贸易议题上提出具有创新性和前瞻性的方案，展示中国在数字经济领域的发展成就和经验。通过为全球数字贸易规则制定提供新思路，从而在谈判中获得更多的关注和尊重。构建数字贸易规则体系，加快数字贸易相关立法。针对数字贸易中的特定问题，制定专项法规，例如关于跨境电子商务、数字支付、网络安全等的法规，以保障数字贸易的有序发展。健全知识产权立法，严厉打击各种网络侵权假冒行为,增强全社会对网络知识产权的保护意识。通过修订现有法律或制定新的法律,进一步加强对知识产权的保护,包括网络知识产权的保护,以适应数字经济的发展需求。另一方面,加快自由贸易试验区和跨境电商综合试验区建设进程,特别注重内陆地区自由贸易试验区和跨境电商综试区的推进,将自由贸易试验区和跨境电商综合试验区的建设与国家重大战略密切配合,更好地发挥自由贸易试验区和跨境电商综合试验区与"一带一路"的建设、区域协同发展等战略的协同作用,强化其对区域发展的辐射带动作用。自由贸易试验区内设立数字贸易示范区,充分发挥试验区的政策优势,推动数字贸易的创新和发展。通过在示范区内尝试新的数字贸易制度和机制,探索更加开放、便利的贸易环境。在海关特殊监管区域,引入先进的数字技术,建立起数字贸易的全流程监管系统,提高贸易数据的透明度和实时性,加强对数字贸易的监管和风险防控。设计并实施客观、透明、安全、去中心化和共识机制为特征的数字贸易征信体系。整合各类数字贸易数据,建立征信评级标准,为参与者提供信用评价和信任保障,促进数字贸易的可持续发展。大力推进跨境电子商务综合试验区建设,复制推广成熟经验做法,为新业态提供创新环境和试点空间。在自贸试验区的自由贸易账户监管体系下,进一步完善新型金融监管框架和技术支撑体系,以及建立健全数字支付监管制度,为逐步开放数字支付服务创造条件。

3. 支持和引导出口企业加大数字化投入,推动企业数字化转型

研究发现数字化投入通过提高生产率和能源要素替代来降低碳排放。数字化投入呈现"绿色效应",是经济绿色化转型的重要力量。在"碳达峰"和"碳中和"的战略目标下,企业为满足市场需求和推动自身高质量发展,都需要加大数字化投入。与此同时,政府应设置专有的职能机构、完善数字化转型相关的统计指标体系、设立企业数字化转型扶持基金和加大技术创新政策支持力度等,支持和引导出口企业加大数字化投入,推动企业数字化转型。在数字经济发展趋势的大环境中,新基建与数字化治理中人工智能,大数据,物联网等数字化技术的运用,有利于为新兴产业数字化赋能,扎实推动行业迈向高端化、向智能化发展则增强了行业技术创新能力。鼓励跨境电子商务企业与传统行业合作,推动数字创新与传统行业融合发展,开发新的商业模式和增值服务。完善跨境电子商务零售进出口管理模式,优化通关作

业流程，建立全口径海关统计制度。支持企业建设海外仓库，加强对外物流和仓储体系，提高供应链的效率和灵活性，进一步融入境外零售体系。制定支持跨境电商和新业态发展的政策，包括减免关税、简化通关手续、提供税收优惠等，鼓励创新和创业。同时，根据市场需求不断调整政策，保持政策的灵活性。

4. 加快发展数字服务贸易，改善我国贸易结构

根据上述分析，我国对外贸易结构主要是加工贸易、产品贸易，而服务贸易占贸易总额比例并不高，根据商务部发布的数据，2020年中国服务出口达到了1.94万亿元，进口为2.63万亿元，服务贸易赤字为0.69万亿元。从西方发达国家对外贸易经验看，服务贸易主要集聚在金融业、保险业、咨询服务业、技术成果转化服务、专业服务以及计算机及软件服务等方面。这些行业属于技术知识密集型，所提供贸易产品附加值高，出口贸易质量较高。因此，政府应加快发展数字服务贸易，特别是在数字经济快速发展的背景下，发展数字服务贸易具有格外重要的作用。一方面有利于进口先进的生产性数字服务，推进数字化服务型制造，提高高端生产性制造能力，加快推进制造业企业向数字化、网络化、智能化转型，实现制造业环节从劳动到研发、设计、服务高端环节的转变和转型，提高制造业附加值水平。另一方面，有利于进口先进的生活性数字服务，不断满足人民日益增长的美好生活需要。①政府应继续加大5G网络建设和覆盖范围，提升数字通信的速度和稳定性，为数字服务贸易提供更加可靠的基础设施支持。②加强数字经济领域的技术创新，鼓励企业在人工智能、大数据分析、云计算等领域进行创新研发，提高数字服务的智能化和个性化水平，为客户提供更优质的服务体验。③制定和完善数字经济领域的相关法律法规，建立健全数字服务贸易的监管机制，保障服务质量和数据安全，提升数字服务贸易的可信度和可持续发展。

5. 加强数字化人才的培养，支撑出口企业高质量发展

研究发现数字经济能够推动出口企业高质量发展。数字经济的发展离不开数字化人才的支撑。近几年，国家发布了《"十四五"数字经济发展规划》《关于加强数字政府建设的指导意见》《关于推进实施国家文化数字化战略的意见》等推动数字经济发展的相关文件，其中都提到关于增强数字化人才队伍构建的相应内容。除此之外，人力资源和社会保障部还专门出台了《提升全民数字技能工作方案》。因此，加强数字化人才的培养，是支撑出口企业高质量发展的助心剂。政府和社会各界应该从以下几个方面着手，加强数字化人才的培养。

（1）重点加大数字化人才培养规划力度及方针，推动落实数字化人才培养计划，根据我国数字经济发展进程实施动态调整。在研究制定"十四五"人才规划、教育规划、职业培训规划、技工教育规划等文件时，可考虑加入数字化教育的相关内容，逐步加强数字化教育的重要性。

（2）建立信息收集机制，及时跟踪数字化新职业的发展，时刻更新并公布数字化新职业相关标准。在数字经济时代背景下，新兴数字化职业热度将不断涌现，因此要及时发布数字化新职业标准，进而培育数字化市场需要的数字化专业人才。

（3）运用多元化人才培养举措，推动高校提升数字化人才的培养模式，培养更多具备高质量且符合企业要求的数字化创新人才。还可通过鼓励大学将授课教育模式改为"先课程，后专业"模式，以此提升数字化创新人才培育的灵活性及适应性；在传统课程中增设数字化知识及技能的相关培训课程，促进高校毕业生具备更扎实且高质量的数字化基础知识及技能；鼓励跨学科、多元化培养数字化人才，采取学科间互设选修课程，培养更多的相关专业和数字化专业的双学士；推荐建议具备一定基础的大学建设数字化相关产业学院或研究院，积极参与与数字化相关产业进行广泛交流和合作，建立一批产学研深度融合的数字经济教学和实践基地。以显著增强高校培养数字化人才的能力，为数字化经济时代背景下的市场不断注入更多的数字化人才。

（4）提升职业学校数字化人才培养重视程度。中等职业学校和高等职业学校等各类职业院校是作为数字化操作型人才的主要输出。因此，提升职业院校数字技能类人才培养，扶持和带领全国职业院校置身于建设数字技能类专业；仰赖行业协会等积极组织职业院校数字技能培养教学研讨会，积极与高科技企业达成合作，共同设计开展数字技能课程及实践活动，提升职业学校数字技能类教材开发，大力提升职业学校培养数字化人才的能力；优化课程设置，引入与数字经济相关的课程内容，涵盖数据分析、人工智能、云计算等领域。确保课程内容紧贴行业需求，培养学生的数字化技能和知识。

（5）促进产学联合培养。数字技术更新换代频发，商业模式和产业组织结构在数字经济背景下的更新换代更加快速。学校教育仅仅为数字化人才的知识和技能建立基础，基于学校培养教育的基础上，再通过企业培训教育培养的人才，才能够为企业所用。加强产学合作，首先，可借由高等院校的数字化平台，提高企业数字化人才的培养效率，形成符合企业目标需求的人才资源网；其次，能够为高校毕业生提供数字化技术实践机会，积累相应实操经验。在数字化人才培养中，积极促进产业与高校的融合。高校可以与企业合作开展实际项目，为企业提供数字化人才培训。同时，高校通过与企业紧密合作，能够更准确地了解市场需求和发展趋势，紧随数字化发展趋势脉络。

（6）深化数字技能职业培训。扩大数字技能培训的课程范围，涵盖从基础的数字素养到专业领域的数字化技能，满足不同层次和专业的学习需求。充分发挥企业和教育培训机构的牵头引领作用，推动实施"互联网+职业技能培训"模式。同时也要准确落实国务院《关于加强数字政府建设的指导意见》，构建数字化学习教育平台以及数字素养和技能培育体系，不断增强干部队伍的数字化思维、技能和素养。

第三节　未来研究展望

本书在现有研究的基础之上，从数据层面探究了数字经济影响出口企业高质量发展的现实逻辑；从理论层面剖析了数字经济影响出口企业高质量发展的理论基础；从经验层面验证了数字经济对出口企业高质量发展的促进作用，但受限于数据的可得性，本书在以下几方面可以进一步完善。

1. 有待构建统一的理论体系

习近平总书记在党的二十大报告中明确指出，要加快发展数字中国，促进数字经济和实体经济深度融合，打造具有国际竞争力的数字产业集群。这不仅指明了我国数字产业和经济发展的方向，而且是我们构建中国自主的数字经济理论的根本遵循。区块链、人工智能、大数据等数字技术的迅速发展大幅提升了企业对于市场需求变动的预测能力，在供需两端降低了交易成本与生产成本，并且激励了创新行为。

（1）数字化的不断深入在全要素生产率的提升、产业结构升级等方面具有积极影响。数字经济已经成为拉动我国经济快速增长的新动能。具体来看，总体规模不断扩大，细分领域具有全球竞争力。我国数字经济规模稳居全球第二，电子商务平台得益于庞大市场和消费潜力驱动，在全球具有竞争优势。

（2）数据、算力、算法等三大核心要素日益成熟。在国家战略与市场需求的双重驱动之下，我国政府和数字平台已经积累了海量数据资源，5G等数字化基础设施基本实现全面铺设，数据智能在企业数字化转型中的作用凸显。

（3）数字经济红利正在从消费端转向供给端。驱动经济高质量发展的核心抓手开始转向通过关键核心数字技术攻关、供给端创新平台和工业互联网普及、数据治理与数据要素流动以及产业链数据共享来实现产业链升级，确保产业链安全。

（4）数字贸易规则从跟随"美式""欧式"模板转向制定"中式"模板。从CPTPP、DEPA的数字贸易协定深层次条款可以看出，我国正在积极参与数字贸易国际规则制定，重塑全球数字贸易治理体系。

当前，国内外研究对外贸易问题，主流理论主要聚焦解释对外贸易为什么会发生、如何才能实现对外贸易收益最大化等方面，比如亚当·斯密的绝对优势理论、大卫·李嘉图的比较优势理论等，涉及出口贸易质量问题较少，至今还没有相关理论来解释。从国内研究最新进展看，少量的有关出口贸易质量研究文献，主要聚焦在定性分析方面，定量研究成果较少。数字经济是新业态和新模式，不同于农业经济、工业经济，具有独有的特征。在这方面现有研究还很不足，特别是针对数字经济的理论研究，需要对专门的理论体系进行解释。不仅如此，在此基础上数字经济如何影响出口贸易高质量发展也需要构建统一的理论框架，限于数字经济理论研究的不足以及笔者研究能力的局限，本书尚不能构建统一的数字经济推动出口贸易高质量发展的理论体系。

2. 更加先进的前沿因果识别方法留待补充

本书主要使用固定效应模型和工具变量方法识别因果关系。固定效应模型的优势是可以控制大规模面板数据的个体固定效应和年份固定效应，相对于传统最小二乘进行了明显改进。工具变量的优势能够通过外生的变量与内生变量之间的相关关系和排他性约束识别解释变量的因果效应。本书作为一个比较前沿的探索，数据和以往的积累尚不足以支撑更为广泛化且深度化的检验及分析考察。与此同时，随着计量技术的发展，涌现了更多因果识别技术，比如倍差法（DID）、断点回归（RD）、随机控制试验（RCT）。这些技术当然是更加前沿的技术方法，但限于本章研究场景的适用性和笔者能力的局限，尚没有使用这些先进的前沿识别方法，期待后续研究能够对本书进行完善和补充，做进一步深度的研究。

3. 数字经济相关高频数据有待丰富

造成数字经济相关数据不准确的原因主要包括两方面：一是统计指标体系的不足，统计口径的不一致以及数据采集的不规范。这一方面，统计指标的定义模糊不清，导致了计算和采集方法难以统一。在实际工作中，统计人员常常依靠个人理解进行统计，从而造成了不同单位之间的统计口径的差异。二是随着经济迅速发展，统计调查对象的规模不断扩大，调查领域逐渐增多，多样的利益主体的参与导致调查对象的复杂化，难以保证数据的准确获取。面对这一问题，应采取以下对策。

（1）加强统计法律法规的宣传普及，增强各界对统计工作的认识和重视程度。

（2）建立完善的统计调查机制，确保数据的准确性和一致性。此外，加强统计人员的培训，提升其调查技能和数据处理能力，从而保证数据的质量和准确性。

（3）推动数字化统计信息管理系统的建设，利用现代化的手段对数据进行审核和分析，以提高数据质量和准确性。

在我国，要解决数字经济相关数据不准确的问题，可以采取以下举措：

（1）建立健全数字经济领域的统计指标体系，明确各项指标的定义和计算方法，确保统计数据的一致性和可比性。

（2）加强统计数据的采集和处理，采用现代化技术手段，提高数据的准确性和及时性。此外，加强对统计人员的培训和监督，提高其数据采集和处理的专业水平。同时，推动数字化统计信息管理系统的建设，实现数据的自动化采集和分析，从而减少人为因素对数据的影响。

（3）加强对统计数据的法律法规保护，严厉打击数据造假等违法行为，确保统计数据的真实性和可信度。这些举措将有助于提升中国数字经济相关数据的质量和准确性。

已有研究成果表明，研究数字经济出口贸易质量更多是通过国家统计局、中国工业企业数据库和海关数据库等数据指标来实现。本书关于数字经济相关的数据主要来自国家统计局的各省互联网渗透率和电子商务发展水平。要真正反映数字经济的发展，还应该收集和获取更加有针对性的微观平台数据、数字化转型的微观企业数据等深层次数字经济数据。获取到每一项指标的真实数据，将涉及采集大量数据对指标进行分析，所以在数据收集方面存在一定难度。同时，由于研究工具的有限性，也将加大数据收集难度。本章尽可能使用省级层面数据和企业层面数据相结合的数据集，要获取微观企业层面的数字经济数据等高质量数据存在一定难度，期待后续能够在数据收集和获取方面取得突破性进展。

4. 测度体系的构建

对外贸易是中国经济的重要组成部分之一，也是拉动中国经济增长的"三驾马车"之一，出口贸易质量状况直接决定了中国经济高质量发展。特别是在新冠疫情持续蔓延，严重影响全球供应链重构，而研究提升出口贸易质量问题就显得格外重要。此外，构建以国内大循环为主体、国内国际双循环相互促进的新发展格局是对"十四五"和未来更长时期我国经济发展战略、路径做出的重大调整完善，是着眼于2035年远景目标和我国经济行稳致远的战略安排。加快形成以国内大循环为主体、国内国际双循环相互促进的新发展格局，为应对国内外经济形势、促进经济长远更高质量发展进一步明确了方向。数字经济近年来发展抢眼，成为推动完善内外需体系、释放内外需潜力的重要抓手。如何致力于通过推动数字经济发展，促进中国出口贸易高质量发展，将成为未来研究的重点之一。因为只有这样，才能真正推动形成"以国内大循环为主体、国内国际双循环相互促进的新发展格局"。虽然本书研究了数字经济对出口企业高质量发展的影响，但是仍然还有很多有价值的问题值得进一步讨论：

（1）本书使用需求残差法度量企业出口产品质量。这一方法主要考虑的是需求角度的影响因素，对供给角度的考虑较少。未来可以考虑使用综合考虑供给和需求的出口产品质量测算方法，更加全面地研究数字经济对出口企业高质量发展的影响。

（2）本书研究所选择的数字经济维度主要考虑互联网渗透率、电子商务和数字产品投入。虽然这三个维度是数字经济的主要维度，但数字经济不仅包括这些维度，还包括数字化转型、数字金融等维度，未来可以在这方面展开更加详细和深入的研究。

（3）出口企业高质量发展是一个综合性的概念，测量指标也较多。考虑到可行性，本章选择了出口产品范围、出口产品质量和出口行业绿色化转型三个关键维度。虽然这三个维度是出口贸易高质量发展的主要维度，但出口贸易高质量发展还包括贸易结构的优化、贸易市场格局的优化、贸易主体的优化等多个方面，未来可以在这些方面展开更加深入的研究。

（4）本书主要分析了互联网渗透率、电子商务、数字产品投入对企业出口产品范围、企业出口产品质量以及出口行业绿色化转型的影响。由于数据受限，特别是数字经济的度量还不够全面和深入。随着我国官方针对数字经济的统计体系越来越完善，数字经济相关数据不断丰富，将来在这一领域做更多专题研究，这样可以更为全面反映数字经济对我国出口贸易高质量发展影响的真实情况，这也是今后要进一步探索的方向。

5. 多元细分化的研究

不同于传统经济，数字经济是指在信息技术、互联网和数字化技术的推动下，数字化、网络化和智能化在经济各个领域广泛应用，从而产生新的经济形态、商业模式和产业生态的经济现象。它涵盖了数字化产业、数字化商业、数字化服务以及数字化基础设施等多个方面。数字经济与服务贸易具有天然的联系，数字技术对服务业具有更强的渗透力，服务贸易也就成了数字化程度最高的贸易部门。数字经济的发展为服务贸易提供了新的增长动力，通过数字技术，服务可以更加高效、便捷地跨越国界，从而扩大了服务贸易的范围和规模。特别是在服务贸易的数字化转型中，数字技术的应用为服务的跨国交付、在线支付、数据安全等方面提供了支持，进一步促进了服务贸易的发展。此外，数字技术本身属于知识、技术密集型服务，一国数字技术的发展将会提升相应部门的出口竞争力，进而直接影响服务贸易出口结构。因此，从宏观、微观以及产业等层面探讨数字经济影响一国贸易出口结构的机理及路径是重要且必需的，能够为我国数字经济发展指明道路，助力赛道选择以及相应政策支持的制定等。数字经济主要通过数字产业化和产业数字化作用于一国的产业结构，推动产业向高级化发展，进而间接影响一国服务贸易的出口结构。如何通过产业的数字经济发展形成引领作用，进而促进产业出口贸易高质量发展也将成为未来的研究重点之一。关于该层面仍有许多值得深入探讨的问题：

（1）数字产业化带领。数字产业化是指充分利用数字技术的优势，推动数字相关领域的发展，创新性地引发新的产业、业态和模式，从而为经济带来增长和创造价值。数字产业是以数字技术为核心，涵盖了互联网、信息通信业、软件服务业等领域的产业，其所提供的服务本身就属于知识、技术或资本密集型服务。因此，应更为全面探讨数字技术为一国所带来的经济优势，分析其经济优势的组成结构，并从中获取经验及相关理论机制，应用于传统产业数字化转型，或者应用于从中衍生出具备数字化的新兴产业。

（2）产业数字化推动。数字产业化是指在数字技术的支持下，将传统产业进行数字化改造和升级，使其在生产、管理、销售等各个环节充分应用数字化技术和数字化手段，以提高生产效率、降低成本、改善产品质量、提升市场竞争力的过程。数字产业化是数字经济发展的重要方向之一，旨在推动传统产业与数字技术的深度融合，实现经济结构的升级和创新能力的提升。具体来说，产业数字化主要从三个路径影响服务贸易出口结构：一是产业数字化可以提高生产和服务提供的效率，降低成本。这使得原本可能过于昂贵或低效的服务也能够通过数字技术在全球范围内提供，从而改变了服务贸易的出口结构。二是通过推动传统制造业企业数字化转型，丰富了服务内容。随着数字技术的应用，许多传统产品和服务也向数字化方向转变，如数字内容创作、虚拟现实体验、软件开发等。这些数字化产品和服务可以通过跨境电子商务等方式出口，丰富了服务贸易的出口结构。三是通过优化服务贸易交易流程以提升交易效率，如中介、海关、物流公司、进出口银行等机构的数字化变革将会优化服务贸易的传统交易流程，同时也有利于减少贸易中不必要的环节。因此，应更为全面探讨数字技术的发展对提升一国出口贸易竞争力以及出口贸易结构的影响机制，甚至更进一步地全面研究数字经济及其技术对各产业类型的影响成果及联系。

参考文献

[1] 蔡刚. 我国出口贸易质量存在问题分析与对策研究 [J]. 现代商业, 2009 (09): 82.

[2] 冯德连. 推进外贸发展由数量型向质量型转变的思考 [J]. 经济体制改革, 1995 (05): 28 - 31 + 127 - 128.

[3] 潘永源. 试论我国外贸质量现状及其优化对策 [J]. 苏州大学学报, 2002 (02): 36 - 40.

[4] 闫国庆, 陈丽静. 对我国外贸发展规模与质量问题几点思考 [J]. 经济问题, 2002 (12): 78 - 80.

[5] 张梅霞. 论技术对提升中国贸易质量的作用 [J]. 当代经济, 2006 (07): 128 - 129.

[6] 杨倩. 优化我国出口贸易质量问题研究 [D]. 东北财经大学, 2006.

[7] 何莉, 中国出口贸易质量评价体系研究 [J], 财经科学, 2010 (2): 58 - 65.

[8] 喻志军, 姜万军. 中国出口贸易质量剖析 [J]. 统计研究, 2013, 30 (07): 25 - 32.

[9] 张先锋, 陈永安, 吴飞飞. 出口产品质量升级能否缓解中国对外贸易摩擦 [J]. 中国工业经济, 2018 (07): 43 - 61.

[10] 李宏兵, 文磊, 林薛栋. 中国对外贸易的"优进优出"战略: 基于产品质量与增加值率视角的研究 [J]. 国际贸易问题, 2019 (07): 33 - 46.

[11] 朱启荣. 中国外贸发展方式转变的实证研究 [J]. 世界经济研究, 2011 (12): 65 - 70 + 86.

[12] 朱启荣, 言英杰. 中国外贸增长质量的评价指标构建与实证研究 [J]. 财贸经济, 2012 (12): 87 - 93.

[13] 潘永源. 试论我国外贸质量现状及其优化对策 [J]. 苏州大学学报, 2002 (02): 36 - 40.

［14］闫国庆，陈丽静．对我国外贸发展规模与质量问题几点思考［J］．经济问题，2002（12）：78-80.

［15］魏浩，毛日昇．从贸易大国向贸易强国转变——中国对外贸易竞争力的实证分析与调整思路［J］．中国软科学，2003（09）：32-37.

［16］贾怀勤，吴珍倩．我国贸易质量综合评价初探［J］．国际贸易，2017（04）：40-44.

［17］陈保启，毛日昇．中国国际贸易水平的测度分析——基于出口产品质量的主要经济体间比较［J］．数量经济技术经济研究，2018，35（04）：20-40.

［18］高金田，孙剑锋．我国贸易宏观质量综合评价探究［J］．中国经贸导刊（中），2019（06）：4-9.

［19］康益敏，朱先奇，李雪莲．制度质量与中国对外贸易的门槛效应分析——基于"一带一路"沿线国家面板数据［J］．经济问题，2019（04）：117-122.

［20］付鑫，张云．中国对外贸易的区域差异及环境效应分析——基于贸易规模与贸易质量的面板回归［J］．地域研究与开发，2019，38（04）：15-20.

［21］王焰，方友熙．高质量发展下对外贸易转型升级存在问题及对策［J］．特区经济，2019（09）：78-80.

［22］杨逢珉，程凯．贸易便利化对出口产品质量的影响研究［J］．世界经济研究，2019（01）：93-104+137．DOI：10.13516/j.cnki.wes.2019.01.008.

［23］闫敏．2018年我国对外贸易将呈现高质量发展特征［N］．中国证券报，2017-12-30（A08）.

［24］侯学娟．长三角地区出口贸易质量比较研究［J］．广东蚕业，2017，51（09）：92-93.

［25］冯德连．着力推进安徽出口贸易高质量发展［N］．安徽日报，2019-01-29（006）.

［26］李鸿阶，张旭华．对外贸易发展质量省际比较与提升路径选择——基于福建与广东、江苏、浙江比较［J］．福建论坛（人文社会科学版），2019（01）：187-194.

［27］孙文娟．持续提升出口贸易质量［N］．西藏日报（汉），2019-12-10（006）.

[28] 江若尘, 牛志勇. 进一步推动上海出口贸易高质量发展 [J]. 科学发展, 2020 (01): 57-64.

[29] 裴长洪, 彭磊, 郑文. 转变外贸发展方式的经验与理论分析——中国应对国际金融危机冲击的一种总结 [J]. 中国社会科学, 2011 (01): 77-87+222.

[30] 郭红利. 谈转变外贸增长方式 [J]. 价格月刊, 2005 (04): 3-4.

[31] 亚当·斯密. 国民财富的性质和原因的研究（上下卷）[M]. 郭大力, 王亚南, 译. 北京: 商务印书馆, 1972.

[32] 俄林. 地区间贸易与国际贸易 [M]. 北京: 首都经济贸易出版社. 1993.

[33] 约翰·穆勒:《政治经济学原理》(1848年), 赵荣潜, 等, 译, 北京: 商务印书馆, 1991.

[34] 阿尔弗雷德·马歇尔. 经济学原理 (1890) [M]. 朱攀峰, 译. 北京: 北京出版社, 2007

[35] 杨卉. 贸易质量、决定因素及其对贸易增长的影响研究 [D]. 浙江工业大学, 2017.

[36] 马述忠, 胡增玺. 跨境电子商务对我国企业出口市场组合风险的影响 [J]. 财贸经济, 2022, (07): 149-164.

[37] 徐保昌, 许晓妮, 孙一菡. RCEP 生效对中国—东盟跨境电商高质量发展带来的机遇和挑战 [J]. 国际贸易, 2022 (10): 53-59.

[38] 孟涛, 王春娟, 范鹏辉. 数字经济视域下跨境电商高质量发展对策研究 [J]. 国际贸易, 2022 (10): 60-67.

[39] 魏悦羚, 张洪胜. 跨境电商与出口产品质量升级: 基于进口中间品搜寻视角的分析 [J]. 宏观质量研究, 2022, (03): 79-91.

[40] 张洪胜, 潘钢健. 跨境电子商务与双边贸易成本: 基于跨境电商政策的经验研究 [J]. 经济研究, 2021, (09): 141-157.

[41] 马述忠, 房超. 跨境电商与中国出口新增长——基于信息成本和规模经济的双重视角 [J]. 经济研究, 2021, (06): 159-176.

[42] 李泽鑫, 赵忠秀, 薛瑞. 电子商务平台应用与企业出口国内增加值率——基于 B2B 商业模式的经验分析 [J]. 国际贸易问题, 2021,

(05)：49-63.

[43] 岳云嵩，李兵．电子商务平台应用与中国制造业企业出口绩效——基于"阿里巴巴"大数据的经验研究［J］．中国工业经济，2018，(08)：97-115.

[44] 林峰，林淑佳．"互联网+"促进了中国城市对外贸易发展吗——来自290个地级市的经验证据［J］．国际商务（对外经济贸易大学学报），2022，(02)：16-32.

[45] 朱勤．城市互联网发展对出口企业市场势力的影响研究［J］．商业经济与管理，2021，(07)：87-96.

[46] 周科选，韩永辉，余林徽．跨境电商产业政策对中国进口产品质量的影响研究［J/OL］．兰州学刊：1-27［2023-02-07］．

[47] 胡馨月，宋学印，陈晓华．不确定性、互联网与出口持续时间［J］．国际贸易问题，2021，(04)：62-77.

[48] 韩玉军，李子尧．互联网普及与国际贸易——基于出口方视角的研究［J］．国际经贸探索，2020，(10)：22-39.

[49] 施炳展．互联网与国际贸易——基于双边双向网址链接数据的经验分析［J］．经济研究，2016，(05)：172-187.

[50] 施炳展，金祥义．注意力配置、互联网搜索与国际贸易［J］．经济研究，2019，(11)：71-86.

[51] 耿伟，杨晓亮．互联网与企业出口国内增加值率：理论和来自中国的经验证据［J］．国际经贸探索，2019，(10)：16-35.

[52] 韩会朝．互联网对中国企业出口的影响及效应分析［J］．广东财经大学学报，2019，(01)：38-45+68.

[53] 石良平，王素云．互联网促进我国对外贸易发展的机理分析：基于31个省市的面板数据实证［J］．世界经济研究，2018，(12)：48-59+132-133.

[54] 何勇，陈新光．互联网影响国际贸易的理论与实证研究［J］．经济经纬，2015，(04)：54-60.

[55] 刘旖旎．全球创意产业贸易质量的综合评价与预测［D］．湖南大学，2017.

[56] 何莉．基于AHP的中国出口贸易质量综合评价［J］．国际经贸探索，2011，27(09)：17-22+51.

［57］蒲艳萍，王玲．我国对外贸易可持续发展能力的综合评价［J］．国际贸易问题，2007（07）：77－82＋88．

［58］余华银、张焕明．中国经济开发区投资环境综合评价［M］．北京：科学出版社出版2010．

［59］廖上胜．FDI技术溢出机理：理论与实证分析［D］．中国人民大学，2012．

［60］朱启荣，言英杰．中国外贸增长质量的评价指标构建与实证研究［J］．财贸经济，2012（12）：87－93．

［61］侯文．对应用主成分法进行综合评价的探讨［J］．数理统计与管理，2006（02）：211－214．

［62］梁亚林，范莉．服装外贸企业核心竞争力评价指标体系研究［J］．西安工程科技学院学报，2004（01）：82－86．

［63］张亚斌，李峰，曾铮．贸易强国的评判体系构建及其指标化——基于GPNS的实证分析［J］．世界经济研究，2007（10）：3－8＋86．

［64］徐明君，黎峰．基于生产效率视角的全球价值链分工：理论解释及实证检验［J］．世界经济与政治论坛，2015（06）：74－94．

［65］李峰．贸易大国和贸易强国的评判体系指标化及实证分析［D］．湖南大学，2007．

［66］王芳．主成分分析与因子分析的异同比较及应用［J］．统计教育，2003（05）：14－17．

［67］何莉．基于AHP的中国出口贸易质量综合评价［J］．国际经贸探索，2011，27（09）：17－22＋51．

［68］尤露，王雅丽．全球价值链重构对我国出口贸易高质量发展的影响［J］．商业经济研究，2022（05）：143－146．

［69］吴珍倩．我国贸易质量综合评价研究［D］．对外经济贸易大学，2017．

［70］李鸿阶，张旭华．对外贸易发展质量省际比较与提升路径选择——基于福建与广东、江苏、浙江比较［J］．福建论坛（人文社会科学版），2019（01）：187－194．

［71］高金田，孙剑锋．我国贸易宏观质量综合评价探究［J］．中国经

贸导刊（中），2019（06）：4-9.

［72］刘宇，沈坤荣. 以高质量对外直接投资促进中国企业攀升全球价值链［J］. 求是学刊，2022，49（02）：67-77.

［73］郭惠君，王黎瑶. 全球价值链重构下我国贸易高质量发展的机制及对策［J］. 国际经济合作，2020（06）：87-102.

［74］梁会君. 数字贸易、产业集群与经济高质量发展——基于有调节的中介效应检验［J］. 西南民族大学学报（人文社会科学版），2022，43（05）：109-121.

［75］孟祺，沈佳瑜. 数字经济与贸易高质量发展——GVC贸易地位视角下［J］. 商业经济研究，2021（14）：145-148.

［76］方昊炜，徐晔，袁琦璟. 数字贸易、产业结构升级与经济高质量发展——基于中介效应模型［J］. 价格月刊，2021（06）：65-71.

［77］Andresen, M. A., "The evolving quality of trade between Canada and the United States", Canadian Geographer 52(1): 22-37, 2008.

［78］Szczygielski, K., Grabowski. W., Are Unit Export Value Correct Measures of the Export's Quality?, WarsawBiskek Kyiv Tbilisi Chisinau Minsk, 2009.

［79］Chi-Hung, L., Measuring quality in international trade, Economic Systems, 2010.

［80］R. Koopman, Z. Wang, S. Wei. How Much of Chinese Exports is Really Made in China? Assessing Domestic Value-Added When Processing Trade is Pervasive[J/OL]. NBER Working Paper 14109, http://www.nber.org/papers/w14109. 2008.

［81］K. Benkovskis, R. Rimgailaite. The Quality and Variety of Exports From the New EU Member States: Evidence from Very Disaggregated Data［J］. Economics of Transition, 2011(4): 723-747.

［82］C. Liao. Measuring quality in international trade[J]. Economic System, 2011: 125-138.

［83］K. SzczygielskiaW. Grabowski. Are Unit Export Values Correct Measures of the Exports'Quality?[J]. Economic Modelling, 2012: 1189-1196.

［84］Raul Prebisch, The Economic Development o f Latin America and Its Principal Problem, NewYork: United Nations, 1950; H. Singer, The Distribution of Gains between Investing and Borrowing Countries," American Economic Review, vol. 40, no. 2, 1950, pp. 473 –485.

[85] Falvey, Rodney E; Kierzkowski, Henryk, Product quality, intra – industry trade and(Im)perfect condition. Discussion Paper, Graduate Institute of International Studies, 1984.

[86] Markusen A R . Defence spending: a successful industrial policy?[J]. 1986, 10(1): 105 –122.

[87] Hallak J C, Sivadasan J. Productivity, quality and exporting behavior under minimum quality requirements[J]. University of San Andres mimeo, 2008.

[88] Kevin M. Murphy, Andrei Shleifer. Quality and trade. Journal of Development Economics, 1997, (53) 1 –15.

[89] Arup Banerji, Sanjay Jain. Quality dualism. Journal of Development Economics, 2007, (84) 234 –250.

[90] Irene Brambilla, Guido G. Porto. High – income export destinations, quality and wages. Journal of International Economics, 98(2016) 21 –35.

[91] Volker Grossmann. Contest for Attention in a Quality – Ladder Model of Endogenous Growth. CESifo Working Paper, 2003, No. 1003.

[92] Guido Cozzi. Self – fulfilling prophecies in the quality ladders economy. Journal of Development Economics, 2007, (84) 445 –464.

[93] Maurice Kugler, Eric Verhoogen. The Quality – Complementarity Hypothesis: Theory and New Evidence from Colombia. NBER Working Paper, 2008, 14418.

[94] STAFFAN B, LINDER. An essay on trade and transformation [D]. Stockholm: Almqvist and Wicksell, 1961.

[95] STAFFAN B, LINDER. An essay on trade and transformation [D]. Stockholm: Almqvist and Wicksell, 1961.

[96] Krugman, P. R. (1981) . Intraindustry Specialization and Gains for Trade. Journal of Political Economy, 89, 959 –973.

[97] Michael A. McPherson, Michael R. Redfearn & Margie A. Tieslau(2001) International trade and developing countries: an empirical investigation of the Linder hypothesis, Applied Economics, 33: 5, 649 –657.

[98] Hallak, Juan Carlos. "Product Quality And The Direction Of Trade, "Journal of International Economics, 2006, v68(1, Jan) , 238 –265.

[99] Hoftyzer, J. (1984) , "AFurtherAnalysisoftheLinderTradeThesis", Quarter-

ly Review of Economics and Business, 1984, 24(2): 57 -90.

[100] Deardorff A V. The General Validity of the Law of Comparative Advantage[J]. Journal of Political Economy, 1980, 88(5): 941 -957.

[101] Leamer, E. E, andLevinsohn, J., (1994) "International Trade Theory: TheEvidence," Working Papers 3, 1339 -1394.

[102] Pablo D. Fajgelbaum, Gene M. Grossman & Elhanan Helpman, (2009) "Income Distribution, Product Quality, and International Trade," NBER Working Paper No. 15329.

[103] Bernard, A. B., J. B. Jensen., (1995) "Exporters, Jobs and Wages in U. S. Manufacturing: 1976 - 1987," Brookings Papers on Economic Activity: Microeconomics 67 -119.

[104] Bernard, Andrew B. and Wagner, Joachim, Exports and Success in German Manufacturing(April 1996). MIT Dept. of Economics Working Paper No. 96 - 10.

[105] Clerides, S. K., S. Lach, and J. R. Tybout, 1998. "Is Learning by Exporting Important? Micro - Dynamic Evidence from Columbia, Mexico and Morocco." Quarterly Journal of Economics. 113(3): 903 -947.

[106] Bernard, A. B., Jensen, J. B.. Exceptional exporter performance: cause, effect, or both?. Journal of International Economics, 1999, (47) 1 -25.

[107] Aw, BeeYan, S. Chung, and M. J. Roberts (2000). Productivity and) Turnoverin) the) Export) Market:) Micro Evidence from Taiwanand South Korea, World) Bank) Economic) Review, 14(1): 65 -90.

[108] Delgado M. A., Farinas J. C., Ruano S. Firm Productivity and Export Markets: a Non - parametric Approach[J]. Journal of International Economics, 2002, 57(2): 397 -422.

[109] Baldwin, J. R. and W. Gu, 2003, "Plant Turnover and Productivity Growth in Canadian Manufacturing", Analytical Studies Branch Research Paper Series, No. 193.

[110] Eaton, J., S. Kortum and F. Kramarz, 2004, An Anatomy of International Trade: Evidence from French Firms, Published by New York University, mimeo.

[111] Wagner, J. Exports and Productivity: A Survey of the Evidence from Firm—Level Data[J]. The World Economy, 2007, 30, (1): 60 -82.

[112] Baldwin R, Harrigan J. Zeros, Quality and Space: Trade Theory and

Trade Evidence[J]. NBER Working Papers, 2007.

[113] Eaton, J. and Kortum, S. (2002) Technology, Geography, and Trade. Econometrica, 70, 1741 – 1779.

[114] Melitz, M. The Impact of Trade on Intra – Industry Reallocations and Aggregate Industry Productivity[J]. Econometrica, 2003, 71, (6): 1695 – 725.

[115] HelpmanElhanan, Krugman Paul R., 1985, Market Structure and Foreign Trade: Increasing Returns, Imperfect Competition, and the International Economy [M], Cambridge: MIT Press.

[116] Melitz, M. The Impact of Trade on Intra – Industry Reallocations and Aggregate Industry Productivity[J]. Econometrica, 2003, 71, (6): 1695 – 725.

[117] Hopenhayn, H. (1992) Entry, exit, and firm dynamics in long run equilibrium. Econometrica, 60, 1127 – 1150.

[118] Krugman, P. (1980) Scale Economies, Product Differentiation, and the Pattern of Trade. The American Economic Review, 70, 950 – 959.

[119] Baldwin R, Harrigan J. Zeros, Quality and Space: Trade Theory and Trade Evidence[J]. NBER Working Papers, 2007.

[120] Verhoogen, E. A.. Trade, Quality Upgrading, and Wage Inequality in the Mexican Manufacturing Sector. Quarterly Journal of Economics, 123, 2008: 489 – 530.

[121] Baldwin, R., and J. Harrigan, "Zeros, Quality, andSpace: Trade Theory and Trade Evidence", American Economic Journal: Microeconomics, 2011, (3), 60 – 88.

[122] Maurice Kugler & Eric Verhoogen, 2012. "Prices, Plant Size, and Product Quality," Review of Economic Studies, Oxford University Press, vol. 79(1), pages 307 – 339.

[123] Manova, K., & Zhang, Z. (2012). Export Prices across Firms and Destinations. The Quarterly Journal of Economics, 127, 379 – 436.

[124] Richard Kneller &Zhihong Yu, 2008. "Quality Selection, Chinese Exports and Theories of Heterogeneous Firm Trade," Discussion Papers 08/44, Universityof Nottingham, GEP.

[125] Bastos, P., J. Silva(2010), "The quality of a firm's exports: Where you export to matters", Journal of International Economics 82(2): 99 – 111.

[126] FeenstraRC. RomalisJ. International Prices and Endogenous Quality [J]. The Quarterly Journal of Economics, 2014, 129(2): 477 – 527.